系列

艺美育人的罗中时光

严卫东 编著

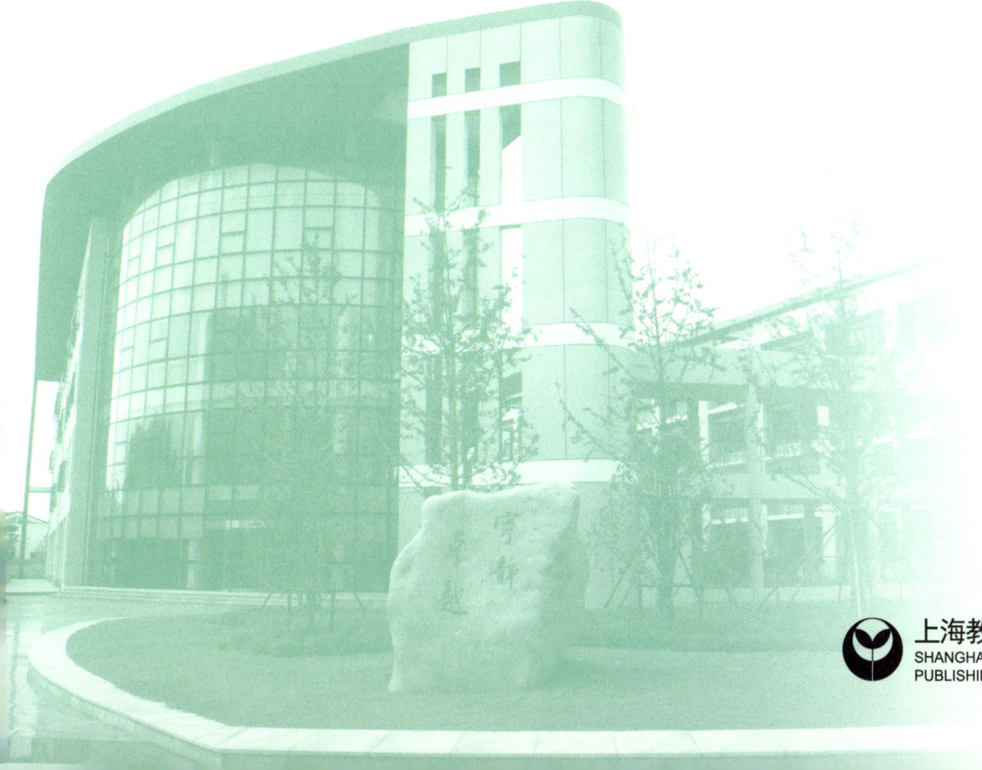

上海教育出版社

《上海教育丛书》编委会

顾　　问	姚庄行　袁　采　夏秀蓉　张民生
	于　漪　顾泠沅
主　　编	尹后庆
副 主 编	俞恭庆　徐淀芳
编　　委	（以姓氏笔画为序）
	王　浩　仇言瑾　史国明　孙　鸿
	苏　忱　杨振峰　吴国平　宋旭辉
	邵志勇　金志明　周　飞　周洪飞
	郑方贤　赵连根　贾立群　缪宏才

《上海教育丛书》历届编委会

1994 年至 2001 年

主　　编　吕型伟

副 主 编　姚庄行　袁　采　张民生　刘元璋(常务)

编　　委　于　漪　刘期泽　俞恭庆　江晨清　陆善涛　陈　和
　　　　　樊超烈

2002 年至 2007 年

主　　编　吕型伟

副 主 编　姚庄行　袁　采　张民生　刘元璋　夏秀蓉　樊超烈

编　　委（以姓氏笔画为序）
　　　　　于　漪　王厥轩　尹后庆　冯宇慰　刘期泽　江晨清
　　　　　陆善涛　陈　和　俞恭庆　袁正守

2008 年至 2014 年

顾　　问　李宣海　薛明扬

主　　编　吕型伟

执行主编　夏秀蓉

副 主 编　姚庄行　袁　采　张民生　尹后庆　刘期泽　于　漪

编　　委（以姓氏笔画为序）
　　　　　王厥轩　王懋功　仇言瑾　史国明　包南麟　宋旭辉
　　　　　张跃进　陈　和　金志明　赵连根　俞恭庆　顾泠沅
　　　　　倪闽景　徐　虹　徐淀芳　黄良汉

总　序

建设一流城市,需要一流教育。办好教育,最根本的是要建设好教师队伍和学校管理干部队伍。

在长期的教育实践中,上海市涌现了一大批长期耕耘在教育第一线呕心沥血、努力探索,积累了丰富经验的优秀教师;涌现了一批领导学校卓有成效,有思想、有作为的优秀教育管理工作者。广大优秀教育工作者教育教学和管理工作的经验,凝聚着他们辛勤劳动的心血乃至毕生精力。为了帮助他们在立业、立德的基础上立言,确立他们的学术地位,使他们的经验能成为社会的共同财富,1994年上海市领导决定,委托教育部门负责整理这些经验。为此,上海市教育局、上海市中小学幼儿教师奖励基金会组织成立《上海教育丛书》编辑委员会,并由吕型伟同志任主编,自当年起出版《上海教育丛书》(以下称《丛书》)。1995年上海市教育委员会成立后,要求继续做好《丛书》的编辑出版工作。2008年初,经上海市教育委员会领导同意,调整和充实了《丛书》编委会,并确定夏秀蓉同志任执行主编,协助主编工作。2014年底,经上海市教育委员会领导同意,调整和充实了《丛书》编委会,确定尹后庆同志担任主编。《丛书》的内容涵盖了基础教育和中等职业教育的各个方面,包含有较高理论水平和学术价值的著作,涉及中小学教育、学前教育、师范教育、职业教育、校外教育和特殊教育,以及学校的领导管理与团队工作,还有弘扬祖国优秀文化、促进国际教育交流等方面的著作,体现了上海市中小学教育改革与发展的轨迹,体现了上海市中小学教育办学的水平与质量,体现了优秀教师和教育工作者的先进教育思想与丰富的实践经验。《丛书》出版后,受到广大教师、教育工作者及社会的欢迎。

为进一步搞好《丛书》的出版、宣传和推广工作,对今后继续出版的《丛书》,

我们将结合上海教育进入优质均衡、转型发展新时期的特点,更加注重反映教育改革前沿的生动实践,更加注重典型性、实用性和可读性。希望《丛书》反映的教育思想、理念和观点能起到抛砖引玉的作用,引发大家的思考、议论和争鸣;更希望在超前理念、先进思想的统领下创造出的扎实行动和鲜活经验,能引领当前的教育教学改革工作,使《丛书》成为记录上海教育改革历程和成果的历史篇章,成为广大教师和教育工作者的良师益友。限于我们的认识和水平,《丛书》会有疏漏和不尽如人意之处,诚恳地希望广大读者提出宝贵意见,帮助我们共同把《丛书》编好。

《上海教育丛书》编委会

序

本书呈现给大家的是上海师范大学附属宝山罗店中学的教育工作者,在中学美育特色学校建设上所走出的一条新路,也是中国的基础教育开展美育时可供借鉴的案例,更是值得美育研究者关注的一套实践经验。在这本书中,包含着中学美育实践的"罗中经验",这些经验在当代中国美育建设的浪潮中有独特的价值。

"罗中经验"中至少包含着这样几重内涵:

第一是艺术教育特色如何向美育特色提升。罗店中学的传统特色是以交响乐为核心的艺术教育。本书的第一章向我们呈现了在如何把艺术教育向美育提升这一问题上,罗中教育工作者的深入思考与探索的历程,展现了以美育为中心的教学与管理理念是如何逐步明晰化并在实践中展开的。

第二是美育特色如何落实在课程教学中。特色课程必须与国家课程相融合,必须与学科教学相融合,必须与艺术教育课程相融合。应当说,罗店中学走出了一条"三融合"的罗中之路,特别是三类特色课程群的建设,在美育与学科教学上有独到的价值。

第三是美育如何与学校整体建设相匹配。通过环境美育、精神美育和社会美育的各自拓展和相互结合,罗店中学的美育建设既落实在校园空间里,又突破了校园空间,为基础教育的美育之路提供了一个样板。这个样板启示我们如何开展环境美育,如何利用诸种社会资源进行美育,如何把德育与美育进行有机结合。

第四是将美育与师资培养、教师成长相结合。如何让学科教师参与到美育中来,自觉利用美育的原则开展教学、促进教学,这需要对教师进行引导与培训,需要在艺术教师与学科教师之间进行分类引导与有机融合。罗店中学在这一点上的经验是值得借鉴的。

第五是罗店中学对于美育特色的凝铸、打造和品牌化。罗店中学的管理者把美育进行了具体化与深化,从学生到教师、从历史到未来、从特色到特长、从一点到多面的进程,从艺术教育一枝独秀到五育融合的过程,这个过程体现着该校教育管理者的毅力、恒心与智慧。从管理层面来说,这也是值得研究的经验。

这五条"罗中经验"是宝贵的。美育是教育的一种理想化的原则,但是提出理想和原则的人,并没有给出实现的路径和方式。美育究竟应当怎么在具体的教育中展开,可资借鉴的成功经验并不多。当代中国在基础教育中对美育的倡导与开展,对基础教育工作者提出了更高的要求:要求他们对于美育的原理与基本观念有较为深入的认识,还要求他们能够把这些原理性的、观念性的东西融入自己的教学行为与教学管理,去践行审美教育的理念。这个不容易!因而在这本书中所呈现的美育特色建设之路,是难能可贵的经验。这些经验,值得美育研究者和后来的美育践行者学习、借鉴与反思。

这本书中也包含着对未来的美育实践者的召唤,还有许多问题需要解决,还有许多路径值得探索,还有许多不完善、不够深入的地方需要补充与深化。但是,仍然应当向罗店中学的美育实践者致敬,相信这本书的出版,能够为未来基础教育中美育的实践与研究提供借鉴,提供教训,提供问题,提供思路。也期待未来有更多的学校,能够提供自己学校的美育经验,相信在诸多经验的交响之中,基础教育中的美育建设必将有更令人瞩目的成就。

刘旭光

上海大学教授,博士生导师

教育部青年长江学者,中华美学会常务理事

目录

1 ▶ 第一章　美育特色的传承与创新
　　第一节　承前启后,接续美育根脉 / 3
　　第二节　厚积薄发,构建美育特色 / 7
　　第三节　且行且思,放眼美育未来 / 14

19 ▶ 第二章　尚美课程体系构建与实施
　　第一节　特色课程与国家课程有机融合 / 21
　　第二节　三类特色课程群融合并举 / 33
　　第三节　探索"艺味课堂"实践新模式 / 50

61 ▶ 第三章　美育特色育人场建设
　　第一节　升级环境品质,美的元素无处不在 / 63
　　第二节　聚合各方资源,美的力量八方来助 / 76
　　第三节　营造精神家园,美的气息扑面而来 / 84

95 ▶ 第四章　美育为教师队伍赋能
　　第一节　美育底色,助力全体教师新发展 / 97
　　第二节　美育亮色,驱动艺术教师再提升 / 105
　　第三节　美育特色,激活非艺术教师再转型 / 112

131 ▶ 第五章　让美育融入学生生命成长

第一节　重视个体，挖掘美育 DNA / 133

第二节　引领个体，释放创美 DNA / 140

第三节　五育融合，赋能育美 DNA / 143

151 ▶ 附录　美育融入学科教学案例集锦

197 ▶ 后记

第一章

美育特色的传承与创新

2021年9月29日，秋高气爽，彩旗招展，位于校园广场中轴线上的"美的唤醒"雕塑在阳光下挺拔伟岸、熠熠生辉。罗店中学（简称罗中）校园，高朋满座，胜友如云，筹备已久的上海市特色普通高中美育成果展示就在这一天。音乐厅内，学生们正紧锣密鼓地抓紧彩排，接下来一场精彩纷呈的艺术盛宴即将拉开帷幕；古风新韵民俗美育基地的一个个工作坊里，学生们各显神通，演绎着他们的兴趣与特长，一盏盏古色古香的彩灯、一枚枚精雕细刻的印章、一件件慧心巧思的木工作品，从学生手中创造而生；教室内，学生们自信昂扬，或推演或辩论或叙述，这里有着知识的汇聚，也有着思维的碰撞，成就了一节节精彩的"艺味课堂"；展览大厅内，一幅幅略略泛黄的图片无声地言说着学校的历史，一册册散发淡淡墨香的读本展现了全体师生对艺蕴课程的深入探索。展示当天，罗中美的元素无处不在，美的气息扑面而来，多元艺术课程、课堂交织辉映，徜徉在风光旖旎、有浓郁人文艺术氛围的校园中，在场的嘉宾无不发出一声声美的喟叹，为自信美丽的罗中喝彩。美的校园，师生互相成就，所有的一切就如艺体中心门口移步换景的雕塑"无限"，喻示着教师、学生、学校发展的无限可能。展示之后是初评，初评之后是复评，一步一个脚印，一步一次提升，一次一个历练，是特色高中从成长到成功的足迹。

人民教育家于漪先生非常关注中学美育，曾在给罗店中学的题词中写道："美是道德高尚、智能发展、体魄健全的重要源泉。精心实施美育，恩泽莘莘学子。"于漪先生的谆谆教诲激励着罗中坚定以美育人的办学方向，汇成了罗中一串串美的足迹。

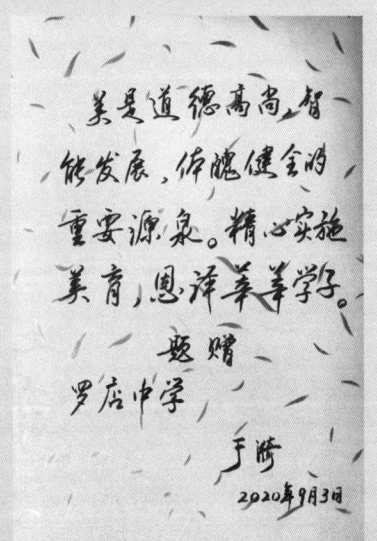

第一节 承前启后，接续美育根脉

一、罗中美育发展的三个阶段

一所学校的特色发展，一定根植于自身悠久的文化传承。罗店中学为什么选择以"美育"作为学校的办学特色？这需要细细梳理罗中八十载"美育"的历程。翻看略微泛黄的纸卷，聆听静静流淌的罗溪河水，罗店中学美育之路的开拓足迹在眼前徐徐展开。

罗店中学，地处与江苏太仓接壤的花神故里——罗店古镇，罗溪水蜿蜒而过。学校原名罗溪中学，创立于1942年，创办之初，冯玉祥将军为之题写校牌。1944年，第三任校长、著名教育工作者沈同文先生提出"以美育人"，之后吸引了叶圣陶、陈伯吹、陈鹤琴等一批知名人士到校讲学，把音乐、绘画、壁报、戏剧作为开展美育的重要内容和载体，初显艺术特色，并向社会延伸，产生了巨大的影响。从1944年沈同文先生提出"以美育人"的办学思想后，艺术教育为主体的美育就在罗中生根发芽了。此后，学校虽然经历了抗日战争、解放战争、新中国建设等各个时期的几度易名，但历任校长都能融合罗店本土艺术并结合学校课程传统，开设了音乐、美术、壁报、彩灯、龙船等艺术课程，坚持艺术对人的素质培养，为学校日后从艺术特色提升至美育特色奠定了坚实的基础。从1942年到1992年的50年是罗中美育的自由萌发时期。

时光流转，20世纪80年代，在改革开放的背景下，校长金竞秋提出了"书园、花园、家园"的办学目标，并提出了发展一项个人兴趣爱好特长的培养目标，这可以看作是经历"文革"后，教育开始复苏，倡导以文化人的开始。这里提到的一项个人爱好，主要是指艺术爱好特长，美的气息开始回归校园。20世纪90年代国家作出开发浦东的战略决策，上海又一次站在时代风口，教育的思潮随之求变求新。彼时的罗中已经是上海市教育局批准的一所区县级重点中学，如何谋求学校未来发展,成了时任张一德校长所在的管理团队思考的重点。1992年,学校成立铜管乐团,这是学校发展的重要契机。从草创开始的几十人,慢慢发展成有数百名学生参与的大型乐团。1999年,罗中管乐团被上海市艺术教育委员会命名为"上海市学生艺术团罗店中学管乐团",这在当时上海郊区是很稀有的、令人羡慕的,该团也成了宝山区品牌学生艺术团。在此背景下,学校提出"尚美育人,育人尚美"的办学理念,确立了把罗店中学建设成有着和谐的文化环境、浓郁的艺术氛围、鲜明的美育特色、一流的教育质量的上海市实验性示范性高级中学的办学目标。2008年,学校搬迁至现址,同时更名为上海师范大学附属罗店中学,校长卢广华继续推进学校的美育建设,在着力打造校园文化建设的同时,发展科技教育,使得艺术教育和科技教育成为学校发展的一体两翼。2011年,校长孙鸿俊对学校的办学理念做了适当调整,确立了"尚美育人、多元发展、幸福人生"的办学理念,提出比较全面、系统、完整的办学目标,即"把学校办成上海市北部郊区的高质量、有特色、有品位的现代化寄宿制高中"。以1992年学校成立铜管乐团为标志,到2016年学校其他艺术课程逐渐丰富的24年可以看作是学校以艺术为主体的美育茁壮发展时期。

2016年,校长陆建国又对学校的办学理念与办学目标进行了进一步的修订提升,积极争取区委区政府、区教育局政策与资金的支持,与校内外专家反复研讨,最终确立了"艺术见长,尚美成人"的办学理念,以及"创建上海市高质量、现代化的美育特色普通高中,为上海乃至国家基础教育中的美育建构探索道路"的办学目标。同一年,学校成为特色高中项目学校,开启了创建上海市特色普通高中的旅程。在艺术课程方面,学校构建了以管乐为龙头,音乐、美术、舞蹈、戏剧影视、民俗文化、数字媒体等并举的多元艺术教育格局。学校连续15年被授予"上海市艺术特色学校"称号,成为中华美育学会美育研究会团体会员单位。学校成为特色高中项目学校,是对国家育人方式变革的积极回应,是罗中美育由"术"向"道"的飞跃。

2019年11月,笔者和王志红书记受组织委托接过学校"美育创建"的重任,带领全体师生对特色普通高中创建各环节精心梳理,在顶层设计与具体落实两个层面持续下功夫。在时任宝山区教育局领导的倡导下,在区级层面成立"上海市特色普通高中(罗店中学)创建领导小组",统筹各类资源,形成合力,对后续的创建具有重要意义。2020年之后的创建工作,在包括理念提升、师生对美育特色的系统认知、课程课堂课题与美育的融合、校外资源的积极拓展、校园文化的建设等方面的美育建设更细致、更扎实、更稳健,基本确立了促进美育的三大途径,即多元艺术、学科课程、综合活动。其间学校邀请了沪内外众多专家来学校梳理理念、观摩指导课程、明晰创建细节。全体罗中师生以巨大的热情投入创建工作中,2020年9月完成展示,2020年11月完成初评,在同一年完成很多人认为不可能做到的两步。初评专家组给学校的评价是"基本通过",并提出有待改进和发展的七个方面问题。之后,学校上下针对这七方面问题集中攻坚,一年内均有突破,于2021年11月完成复评。2022年6月市教委对罗店中学复评通过予以公示,意味着上海市特色普通高中(美育特色)创建成功。以学校2016年成为特色高中项目校为标志,至2022年获评上海市特色普通高中的六年里,学校在特色评估"以评促建"方略的驱动下,锚定目标,汇聚各方力量,学校的综合实力获得巨大发展,美育也从自发、自由提升为自觉。这一时期可以定义为学校美育的快速发展时期。

二、多元艺术与美育理念形成

1992年,学校筹建铜管乐团标志着罗中美育进入新纪元,是罗中建设音乐品牌的开始。1992年至1995年为乐团初创阶段,队员约有30人,纯粹是因为兴趣,但之后两次在市级比赛中获得金奖让大家刮目相看。1995年至1999年为乐团发展阶段,培养了一大批优秀团员。1999年至2001年为乐团成熟阶段,管乐团被上海市艺术教育委员会正式命名为"上海市学生艺术团罗店中学管乐团",成为当时上海市郊区唯一的学生艺术团。2002年至2017年为乐团成就阶段,被评为上海百家非专业优秀艺术团队。2018年至今为乐团高光时刻。经过多年的发展,罗店中学管乐团已形成了从预备班到高三有序的发展梯队,常年保持在360多人的规模,演奏水平也达到了相当高的层次,在市级以上比赛中收获一等奖等 30 多个奖项。年年举办专场音乐会,多次赴欧洲、韩国、德国等国家和地区进行交流。2018 年在管乐团的基础上,聚合罗店教育集团资源,开设弦乐部,成立罗店学生交响乐团,学校成为上海市学生交响乐团盟主单位。在 1992 年到 2022 年的 30 年里,包括周宝良、袁伟丽、张晔、王雅婷、李江等在内的音乐老师为之付出了巨大的努力,贡献卓著。之后,乐团不断更新发展,为上一级学校输出了大量管乐人才,为学校赢得了巨大的社会声誉,也为学校营造了极为丰饶的美育土壤。

1992 年至今的 30 年里,除音乐之外的其他艺术形式在罗中的发展也很迅猛,上海市书法家学会会员金爱华老师的书法品牌、上海市美术家学会会员金云华老师的版画品牌,在区内甚至市内形成了一定的影响力。袁燕敏老师的心理戏剧课程、高峰老师的篆刻课程、杨骁嘉老师的龙船与木工课程、候佳筠老师的分子料理课程、刘奥老师的"青声说"演讲课程、刘桂玲老师的健美操课程、李恒飞老师的少年太极武术课程、罗店彩灯制作传承人朱玲宝等的诸多非遗课程进入高一、高二选修大艺术课表。2021 年起学校引入无人机课程与音创课程,加入大艺术课表,使得多元艺术更加适应新时代教育的发展。学校已经从单一的音乐艺术门类发展成包含美术、文学、影视戏剧、篆刻、舞蹈、摄影摄像、现代媒体艺术、民俗文化在内的多元艺术教育格局,奠定了罗中美育的坚实基础。这 30 年,学校艺术特色不断鲜明,学生艺术素养逐渐丰厚,教师艺术才华得到激发,终于升华为美育特色,并终将罗中美育定位为审美教育。

从艺术教育升华为美育需要一个过程,是学校在办学理念和行为上的升华。2016 年以前,尽管学校已经提出了以美育为办学特色,但是事实上一直以来学校的办学特色依然在注重艺术教育阶段。无论是大艺术课的开设还是组织学生参加各级各类竞赛与活动,大家的关注点仍在于学生艺术素养的提升与是否能取得好成绩,也就是大家说的停留在"术"的层面。2016 年成为特色高中项目校之后,上海大学文学院刘旭光教授,特色高中创建项目组胡兴宏、徐士强研究员等一大批专家入驻校园指导,指出美育的价值、内涵、表征等。将美育窄化为艺术教育是目前很多学校在美育实施中存在的普遍问题,这和不少学校将艺术教育作为升学的途径有关。我们深刻地认识到不能将艺术教育与美育混为一谈,艺术教育应该是美育的手段,通过艺术教育培养学生的审美能力是正解,通过艺术来育人是最终目的。艺术教育也不是美育的唯一途径,美育还有更广的范畴。学校还将环境、学科教学、综合实践活动等都赋予美育功能,美育与智育、德育、体育、劳动教育可以互相促进。学校美育理念的形成如同酿酒,是一个长期的过程。

艺术教育是美育的一种手段,除艺术以外,还有很多的自然审美现象和社会审美现象可以充当审美教育的素材和媒介,这些艺术以外的审美现象所具有的审美价值、所产生的审美效应并非艺术能完全代替的;艺术教育的目标是要培养艺术人才,如培养音乐家、画家等,因此,它着重在艺术才能和艺术技巧等方面的训练;艺术教育可以培养人们的艺术感受力和艺术鉴赏力,进而强化受教育者的审美能力,而美育通过艺术实践、艺术欣赏、自然美的欣赏、对社会性的审美对象的欣赏等方式,来提高人的素质和修养,提升人的情趣与气质,改变人的精神面貌,从而达到培养全面发展的人之目的。其中,核心的观点是:艺术教育首先是技能教育,而美育本质上是素养教育也是情操教育。后者正是罗中师生孜孜以求的目标。2022年6月学校获评上海市特色普通高中是罗中美育的阶段性成果。

第二节 厚积薄发,构建美育特色

"为谁培养人?培养什么人?怎样培养人?"的发问,可谓振聋发聩,对只为升学的应试教育当头棒喝、指明方向。坚持为党育人、为国育才是罗中特色发展不能忘记的办学职责。罗中特色办学的初心与归宿都是培养有美育特质的社会主义建设者和接班人。在明确了这些回答后,学校开始对办学理念、育人目标、课程体系、课堂教学、师资培养进行全面的规划、梳理。

一、凝练办学理念，深化育人目标

罗中美育理念的形成是一个漫长的过程。在国家育人方式改革的要求下，结合自身的办学特色，学校最终在 2016 年凝练了"艺术见长，尚美成人"的办学理念。所谓艺术见长，即学校以音乐、文学、美术、舞蹈、心理戏剧、健美体操、民俗文化、现代媒体艺术等为载体开展多元艺术教育，学校艺术教育课程多样，学生艺术学习经历丰富，学生艺术素养厚实。所谓尚美成人，即学校将美的元素融入德智体美劳的全过程，以美育促进学生德智体美劳全面发展，陶冶美的灵性，温润美的人格，去成就人、成全人。

聚焦国家育人方式改革，结合学校的办学理念，我们最终确立了将"培育'全人+审美力'的时代新人"作为学校的总目标。"全人"是朱光潜先生提出的"知情意行和谐统一，德智体美劳全面发展的人"；"审美力"就是感知、发现、鉴赏、创造美的能力。其具体表现为学生对形式美的感受能力，对文艺作品与现实生活中情感的体验能力，对作品意义的判断能力，对艺术作品的鉴赏能力，以及想象力与创造力的提升。学校将艺术教育活动引向对审美趣味与审美能力的提升，是罗中美育特色建设不同于其他学校艺术教育特色的本质差异。

在总目标下，学校又着力落实五育融合与审美素养培育，构建了具体化、校本化的知情意行和谐统一的"学生成长目标"体系。

"以美启智"是美育特色建设的核心。通过美育与学科教育的结合，以美感活化学生认知，丰富其想象力，启迪其智慧。

"以美怡情"是美育特色建设的基础。培养对美的敏感性、敏锐性、愉悦感和生活感知力，热爱美的事物，热爱生活，热爱生命。

"以美培元"是美育特色建设的根本。通过美育，培养学生的公德、法律意识，集体、公民意识，以及环境保护、人类命运共同体意识。

"以美化行"是美育特色建设的归宿。通过美育，美感渗透到学生学习、生活、行动的各个方面，并践行心灵美、语言美、行为美、环境美。

为了扎实有效地落实办学目标，学校又从普及、提高、拔尖三个层面做了进一步的细化。首先是普及层面，在完成普通高中各项教学任务的基础上提升全体师生的艺术素养和审美能力；其次是提高层面，为有兴趣特长的学生提供可选择的中高级美育课程；最后是拔尖层面，借助罗店教育集团，构建小学—初中—高中一条龙音乐教育模式，打造高水平罗店学生交响乐团，吸纳罗店教育集团内的艺术特长学生并长期培育，为区域内其他学校输送优质的艺术教育生源。

所有的办学理念、办学目标，最后的落脚点都是育人。从罗中校园走出去的学生具有怎样的特性呢？上海以美育为特色的学校有不少，如城桥中学、香山中学、枫泾中学等，罗中学生在人群中能被区分出来吗？罗中的美育与其他学校又有怎样的不同？这就是罗中的美育该如何定位的问题。在专家的引领下，经过无数次的研讨和梳理，我们确立了罗中美育的定位，即审美教育，是以艺术美为主体，拓展学科美育、活动美育和环境美育，促进以美育为手段的"艺味课堂"建设，完善以美育为载体的校园文化建设，强化美育辅助德育，融合体育与劳动教育，以美育人，以文化人，立德树人。

二、建构课程体系，提高课堂实效

课程建设是学校教学建设的基础，是育人的重要载体。加强课程建设是有效落实学校办学理念、育人目标的重要保证。在"双新"背景下，学校课程的设置已经发生了很大的变化，原有的基础型、拓展型、研究型三类课程已经被必修、选择性必修、选修新三类课程替代，以顺应新的育人方式和评价方式改革。如何开足开齐并高质量落实国家课程，将学校特色课程与之相融合，是横亘在我们面前的一道必须跨过去的门槛。事物都有两面性，新事物没有参照，既没有经验也没有条条框框，反而更便于创造。国家课程的"艺味化"需要落实，特色课程的有序开发需要落实，在学校的激励机制下，教师们发挥了巨大的创新潜能，这一切都在矛盾和困惑中一一得到解决。

学校课程体系的构建，一直紧随教育形势的变化做动态调整。2016年申报美育为特色市级项目校后，学校就开始对课程体系进行系统化的建构。课程根据当时的国家课程要求，按基础、拓展、研究三个层次设计，形成阶梯发展式的美育特色课程结构，既各有侧重，又相互联系。

基础型课程是以国家课程为本进行，人文类课程专设阅读课，科学类课程专设思维训练课，开展美育融入教学全过程的课堂实践。教师根据学科特点收集整理教材中的美育资源，采用丰富的教学手段，帮助学生感悟学科美，为学科专业知识的学习注入新的活力，帮助学生学会用"美"的视野来观察和欣赏学科知识，激发学生的想象力与创造精神，提高人文修养水平，从而达到普及学生对美的感知与感受的目标，提高学生对"美"的感悟力。拓展型课程是以校本课程为抓手，使学生在感受美的基础上，拓展社会、生活、科学中的艺术视野，提升个人修养，塑造健全人格，培养和提高学生鉴赏美的能力。其中人文类是以阅读与欣赏为核心，科学类是以逻辑思维训练为重点，实践类是以具有罗店地区特色的"古风新韵"系列活动为主。研究型课程是学校进一步拓展与深化美育，以及实现美育与文化整合的重要途径。它以课程项目为引领，围绕艺术鉴赏与演绎这一重点进行"创造美"的探究。学生通过欣赏艺术经典、了解大师生平、进行个性化感悟等手段，开阔学生的视野，培养和提高学生表现美、创造美的能力。

2018年，随着课改的呼声渐趋强烈，也考虑到学校在这两年的课程建设中课程的门类日趋丰富，我们对原有的课程体系又进行了新的构建。新的课程依旧贯通基础、拓展、研究三个层次，但是不再把它们作为课程构建的依据。我们依据学科的门类重新规划了我们的课程体系。新的课程体系分为多元艺术课程、学科尚美课程和活动美育课程三大类，构成了学校的尚美课程体系。

2020年，新一轮高中育人方式改革正式启动。这一次课改着重体现在两个"新"——新课程、新教材，原有的课程体系已经不能适应新的课改要求。我们必须对学校课程体系进行重新梳理，理顺国家课程和学校课程间的逻辑关系，落实国家课程校本化实施的要求。这项工作一开始的时候，其实很不顺利，在梳理国家课程与学校特色课程之间的关系上，我们一直存在逻辑难以自洽的问题。在认真研究国家及上海的相关文件，对照专家意见以及其他学校的做法后,结合自身实际,我们最终修订了课程体系。新的课程体系在体现国家课程的绝对权威性、完整性的同时,学校又遵循课程方案的整合优化原则,通过选择、改编、补充、拓展等方式,对国家课程进行再创造(即校本化),使之更符合罗中学生的特点和需要。同时,学校特色课程嵌入必修课程之综合实践活动、劳动课以及选择性必修课的部分内容之中。通过"嵌入",学校特色课程融入国家课程体系,完善学校课程图谱,育人课程整合水平也随之提高。

关于学校校本课程的建设,学校在2016年之前已经有了一部分校本课程,这个时候的课程门类比较局限,主要是以艺术类课程为主,其他人文类、科学类、实践类也有所涉及,但总体数量不多,质量不高,而且也没有真正意义上把美育的元素融入其中,只是把这部分课程作为课堂教学内容的拓展和延伸。学校意识到不对校本课程下大力气,学校的美育特色创建就如空中楼阁。2018年学校在校本课程建设上投入大量人力、物力、财力,课程的数量、质量得到了极大的提升,同时对课程的门类进行了重新统整,分为艺术、学科和活动三大类。2020年"双新"课改背景下,学校进一步完善校本课程。学校立足已有的课程改革经验、高水平的教师队伍、具有多元化发展需求和发展潜能的优秀学生群体等课程建设优势,形成符合学校发展实际的校本课程。在对已有的校本课程优化的同时,着眼于尊重学生的兴趣和差异,增强课程的选择性,满足有不同发展层次、不同兴趣爱好、不同特点的学生的多元化需求,学校不断丰富课程的门类,使学校的特色课程更完善更科学,最终呈现为现在的学科艺术融合课程、艺术尚美专业课程、活动尚美体验课程三大门类。

在推进课程建设的同时,学校建立课程管理机构,组织推进课程实施,完善学校各项课程管理制度,形成三类校本课程的管理细则;发挥教研组团队力量和教师的专长优势,围绕三类课程组织编写课程纲要和校本教材,推进三类课程的实施;开发运行学校课程网络管理平台,实施多元的课程评价手段,健全反馈机制,监控课程开发质量。

课堂是美育的主阵地,如何改变课堂模式,顺应"双新"育人方式变革需求,是摆在罗中师生面前的一道巨大的难题。2018年前的罗中课堂仍旧偏向传统,教师以讲授法为主，学生缺少自主学习的时空。学校意识到这样的课堂是无法成为美育的主阵地的，必须对课堂进行大刀阔斧的改革。因为学校之前进行过"三感模式（感染、感悟、感化）"的课题研究，所以学校萌生了"打造美感课堂"的想法，但是在开展探索"美感课堂"的实践与研究中，我们发现还存在很多问题。首先是教师本身的教学理念跟不上学校发展的步伐，甚至部分教师有抵触排斥的情况存在；其次是学校管理者在最初设定的时候也没有考虑到学校的实际，没有对"美感课堂"的内核进行过深入的思索，或者说我们从来没有意识到融合了感知、欣赏、评价和创造的综合能力的美感课堂对于2018年的罗中而言，无论如何都不具备打造的成熟条件。因此，为了让美育能在罗中落地生根，我们必须放缓脚步。经过一番研究，我们最终决定在现状课堂与美感课堂之间先设一个台阶"艺味课堂"作为过渡。

　　为了让新的课堂模式在罗中真正落地，学校管理者从顶层对这一模式进行了全方位的思考。首先是对"艺味"的界定。一堂课达到怎样的标准才能被称作是一堂"艺味课"？通过集思广益，针对学校的教学实际，我们对"艺味"做了这样的一个解释——有趣味、有美感、有艺术性，能激发学生的好奇心和探索欲，让学生的知情意行有机地统一起来并互相促进。在此基础上，我们又确立了"艺味课堂"四个维度的教学与评价指标：激起兴趣与探索欲，激发信心与力量，激活智慧与创造力，唤醒美的心灵与行动。我们还制定了"艺味课堂"的教学评价表，确立了课堂评价的一级指标、二级指标以及评估要素。这一模式由教师为中心转向以学生为中心，课堂样态由原来的教师静态传授转向师生互动的课堂融合，将美的元素渗透到温馨教室、情景设置、学生自主质疑、建构反思等环节。学校又依据学科特点，创新地构建了人文学科"三感—创造"、科学学科"5E学习环"、艺术类学科"艺术—体验"三类学科美育课堂教学模式。"艺味课堂"的模式与原先的"美感课堂"模式相比，我们根据校情，虽然降低了评价的标准，但使得现有模式具备了更好的操作性、高效性。当然，打造"美感课堂"仍旧是我们的最终目的。

　　在特色创建的过程中，我们越来越深入地认识到课堂模式的变革是重在从课内的层面来提升我们的教学实效,达成美育办学的目的。课堂建设的重要性固然不言而喻,但是育人场的建设也必不可少,它是从课外的层面来进一步落实美育实效。可喜的是学校的特色创建工作一直得到上级行政部门的高度重视,对特色建设的经费投入逐年增长。学校从2017年开始加大对育人场的建设,打造了六大美育基地和校园文化长廊;完成了交响乐厅改造、图书馆改造、枯山水园林建设以及"美的唤醒""无限"两座雕塑的设计制作。当然育人场建造的完成并不意味着就能发挥育人的功效,高效利用、认真维护这些育人场才能真正发挥它们的价值。

育人场也不局限于学校这些场所,要实现美育目的,就要充分利用一切校外资源。罗店古镇被誉为"中国民间文化艺术之乡",坊间流传"春有花神秋有画,夏有龙船冬有灯"的四季俗语,所以我们首先想到借力古镇资源,开展古镇研学来融入学校美育特色的建设。同时学校也充分借助高校资源、场馆资源来进一步丰富学校美育的内涵。

三、加强队伍建设,提升美育技能

2018年中共中央、国务院印发《关于全面深化新时代教师队伍建设改革的意见》(以下简称《意见》),强调:坚持社会主义办学方向,落实立德树人根本任务,遵循教育规律和教师成长发展规律,加强师德师风建设,培养高素质教师队伍,倡导全社会尊师重教,形成优秀人才争相从教、教师人人尽展其才、好教师不断涌现的良好局面。2018年习近平总书记在全国教育大会上指出,"要全面加强和改进学校美育,坚持以美育人、以文化人,提高学生审美和人文素养"。习近平总书记一番铿锵之语为尚处在迷茫中的罗中进一步指明了美育办学的内核。为此,学校必须转变观念,必须以行动来践行自身的办学理念,其关键是全体教师的美育素养的提升。

《意见》的出台更加坚定了学校以美育人的办学方向,借助政策导向,借助上海特色高中创建的契机,罗中美育驶上快车道。我们首先做的就是大力加强美育师资队伍建设,充分发掘学校具有一定审美能力、艺术潜能的教师,或者拓展他们的能力,或者变爱好为第二专业,打造了一支具有美育素养的专兼结合、内培外引的教师队伍。

那么如何打造?学校管理者不是组建了一支特色课程队伍,就大功告成。如果单靠这部分特色教师自力更生,不闻不问,时间长了就会抹杀一部分教师的教学热情。学校要充分认识到,这批教师尽管开发了各种特色课程,在课堂上也在努力渗透美育的因子,但是从专业角度来讲,他们毕竟是门外汉,尚处在摸索阶段,甚至有的教师在专业知识方面存在着认识上的误区,如果学校不干预、不引导,那么实现审美教育就成了一句空话,学生最终也没能在这场教育变革中汲取丰富的营养。所以学校要积极搭建平台,创造大师引领的机会,对这部分教师实施系统化的校内外研训活动,帮助这部分教师实现专业能力的提升。同时作为课程的开发者,我们也要加强这部分教师的课程开发能力,要帮助他们扩大知识储备,优化知识结构,强化课程意识,转变教学观念,丰富教学方式,改进教学手段,从而满足学校课程建设的需要。

当然我们在师资建设方面并不只聚焦于这部分特色课程教师的拔尖培养,要想让美育之花开满罗中,必须依赖于全体罗中教师美育素养的提升。为此,学校通过加强教师美育特色校本研修,开展各类教学活动,鼓励教师积极参与课题研究,营造研学氛围,不断提升支撑特色发展的教师能力,来夯实学校特色创建的根基。建设一支匹配美育普及、提高、拔尖三个层面的师资队伍是落实美育理念与目标的关键,在第四章里将展开叙述。

第三节　且行且思,放眼美育未来

随着教育改革的推进,美育也逐渐从隐性走向显性,从小众走向普及。美育已经成为各中小学的"必修课",可以说美育已经面向"人人"。罗店中学作为曾经的美育领跑者,在这"人人"美育的背景下,如何做到人无我有,人有我精,人精我特?上海市特色普通高中的创建就是一个历史性机遇,它将罗中的近五年目标高高竖起，凝聚众多志同道合的人为之奋斗。我们认识到，美育只有艺术支撑是远远不够的，学生一天在校的90%的时间都在课堂，所以从课程维度，在学科与课堂当中融入美育元素成为我们的基本考量，也是后来专家评审组对我们充分肯定的一个方面。

一、在实践中完善学校课程体系

课程就是"跑道"，为实现美育满足普及、提高、拔尖三个层面的要求，需要完善能够满足这一要求的课程体系，学生通过这些不同的"跑道"达到美育的终点。学校的课程体系在2016、2018、2020年分别做过调整和丰富，尽管目前的课程体系能体现"双新"要求，但是国家课程与学校的校本课程如何更有机统一，仍旧存在着许多不够完善的地方；同时国家课程如何进一步校本化实施，学校校本特色课程如何多样化、精品化，这些都是目前仍旧需要思考、改进的地方。今后学校将会在课程实施层面、课题研究层面对特色课程有机融入国家新课程新教材的策略方式、课程实施、课堂教学改革、课程管理、课程评价作进一步的探索研究。在国家课程实施方面主要通过"艺味课堂"提升效率与品质，学科艺术融合课程方面需要升级为跨学科艺术融合课程，艺术尚美专业课程方面主要是要引进现代艺术课程，活动尚美体验课程主要是使之真正落实学生的实践体验。学校课程的丰富一直是螺旋上升、不断迭代的过程，提升品质是关键，在高考升学方面，出彩是基础。总之，学校课程体系完善需要既能充分体现"双新"要求，又能满足学校特色发展需求，其结果需要与国家育人改革保持一致，并获得家长和社会的认可。

二、支持系统与"艺味课堂"升级

百年大计，教育为本；教育大计，教师为本。教师队伍的建设依旧是学校未来工作中的一项重要内容。过去的这几年，学校在队伍建设方面花大力气，有举措，培养了一批有美育素养的教师，提升了一部分教师的专业发展与课程开发的能力，但是教师队伍的发展远不能适应学校未来美育建设的宏伟目标。因此针对学校教师队伍的现状,制定未来五年教师队伍建设的目标,设计分层分类培训的具体实施方案,量身打造教师的发展规划,建立教师激励机制,整合各方资源,助推教师队伍整体素质的提升和骨干领军教师的快速成长。

"艺味课堂"的模式在学校已经运行了将近四年时间,取得了一定的成效,也积累了一些经验。学校通过建立"艺味课堂"评价指标、"艺味课堂"教学评比、"艺味课堂"案例撰写等形式,不断推进课堂教学富有艺术性,增加课堂美感等。"艺味课堂"的本质,就是以学生为中心,顺应学生身心发展规律,在教学方式方法上更具有艺术性,学习效率高的同时培养审美力。目前,部分教师在课堂实施的过程中已经能够灵活驾驭这种模式的核心,今后学校将努力把"艺味课堂"教学模式内化为所有教师的自觉行为。在操作性层面上开展"艺味课堂"实践,是对全面实施"双新"改革的积极回应。学校继续以课堂为育人主阵地,将大单元设计、真实情景导入、项目化学习、综合评价等要素融入"艺味课堂"的研究与实践中,不断提升教师课堂教学水平,为最终迈向"美感课堂"打下坚实的基础。

三、全员导师制与品牌社团建设

基于学校多年来开展学生生涯发展指导的实践经验,结合全员导师制的实施,发掘师资潜力,增强指导实效,建立指导教师管理制度,明确任职条件、指导

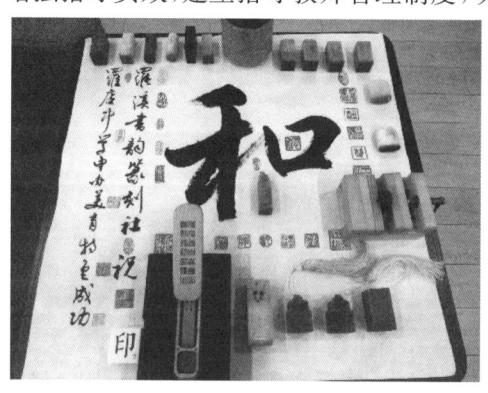

图 1-1　学生篆刻作品

要求、考核评比、奖惩措施等,以确保指导和规范的质量。统整生涯发展辅导、家长学校、心理咨询,建立罗中学生追踪机制等项目,构建罗中学生发展指导体系,助推学生的可持续发展。积极推进"全员导师制",将该工作纳入学校美育创建的工作中,进一步丰富学校美育内涵的建设,以促进尚美成人。

学校师生社团在创建美育特色学校的过程中,发挥了巨大活力。今后还需要进一步提升现有社团品质,逐步扩充社团种类与数量,满足不同兴趣的学生选择;进一步完善社团运作模式,增加与大艺术课之间的融通,不断提高社团水平;探索构建社团活动与研究型学习结合的模式,切实提高社团创新性学习与活动的质量,在已有的明星社团的基础上继续打造品牌社团,以点带面,全面促进,加强社团成果资料的积累、提炼与推广。

第二章

尚美课程体系构建与实施

罗店中学之美育致力于培育学生核心素养，以提升学生审美力为目标，落实国家新课程、新教材要求，整合原有课程，构建由"艺味"国家课程、学校特色课程组成的"尚美成人"特色课程框架，涵盖了必修、选择性必修、选修三类课程，并赋予学分。本课程体系更加强调国家课程的权威性、完整性，并结合自身学校办学特色对国家课程进行了校本化、艺味化处理，同时加强梳理和开发美育特色课程，使之有机融入国家课程。教师们根据学科特点收集整理教材中的美育资源，采用丰富的教学手段，积极开展美育融入教学全过程的课堂实践。在对国家课程进行校本化处理的同时，学校特色课程嵌入必修课程中的综合实践活动、劳动课以及选择性必修课的部分内容之中，通过"融入""嵌入"进一步融合国家课程和学校特色课程，提升育人课程水平。

在开足开齐国家规定课程，确保高质量的文化学业水平的同时，学校不断开发特色课程。通过教学实践、学生反馈，学校对已经开设的课程持续跟踪，对现有的特色课程种类和课程内容进行梳理和优化，留下最为精品的特色课程，真正服务于学生发展，实现美育课程到课程美育的突破。

育人的主阵地在课堂。为了提升教学有效性，学校还不断推进"艺味课堂"的研究与实践，将其视为学生美育素养提升的关键。我们不断丰富"艺味课堂"的精神内涵，确立了"艺味课堂"的四个维度；在推进"艺味课堂"的道路上，学校从顶层明确了课堂评价的指标，从人文学科类、自然科学类、艺术类三大类学科提炼出"艺味课堂"的教学实施路径。在"三感—创造""艺术—体验""5E学习环"三类课堂模式下，罗店中学"艺味课堂"的教学模式日趋丰富，教学活动更加精彩，教学前景更加广阔，进一步落实学科核心素养和学校特色育人目标更加明确。

第一节　特色课程与国家课程有机融合

一、界定两类课程概念，厘清关系

在整体建构学校课程体系的过程中，我们一直在思考这样一个问题：特色课程与国家课程之间到底是什么关系？为此我们建构了不同的课程框架，但总觉得无法很好地阐释国家课程与学校特色课程之间的关系。后来在认真研读国家层面的纲领性文件以及在实践过程中认真思索、学习、重构，我们逐步厘清了两者之间的关系，即国家课程为底色，特色课程为亮色，底色要丰厚，亮色要鲜明。

在这一理念的指引下，学校坚持开齐开足国家课程，高质量落实国家关于高中"双新"课程的要求，积极探索"双新"背景下的国家课程校本化的实施策略，重新定位校本特色课程功能，使校本特色课程充分融入国家课程。

根据《国务院办公厅关于新时代推进普通高中育人方式改革的指导意见》的有关要求，推进课程改革和教材改革，围绕"艺术见长，尚美成人"办学理念，我们对原有课程结构重新进行全面梳理和功能定位，使之既能突显学校特色，又能满足新课程、新教材改革实施的要求。

首先，国家课程校本化实施中要融入美育特色。这里的美育融入主要是指将美育理念渗透到语文等12门国家必修学科课程中，努力实现国家课程艺味化、校本化。在语文等12门国家必修课程教学中形成有效的系列化的结合点，注重学科美育功能，在教学内容和教学方法上有机融入美育元素，如在教学内容、教学方法、教师魅力、教学环境、教学资源、自主学习能力、想象和创造力、情感体验能力、正确的价值观等方面有效融入。

其次，美育特色课程与国家课程要有机融合。学校特色课程是对国家课程的补充，通过把特色课程嵌入必修、选择性必修课程中，以此来丰富国家课程。

因而我们将美育特色课程有机嵌入学校课程体系。学校特色课程属于选修课程，特色课程在必修、选择性必修课程中充分呈现、全面融合。学校特色课程嵌入必修课程之综合实践活动、劳动课以及选择性必修课的部分课程之中，三者共同形成育人合力。通过综合实践活动进行美育主题整合，将志愿服务、党团活动、军政训练、社会考察等通过设计美育主题活动，彰显美育特色，全面推行综合素质教育；通过项目化研究开展研究性学习及跨学科小组合作探究活动，使课程实施的形式丰富多彩，确保学生在学习过程中综合素养得到提升，促成学生全面而有个性地发展。

最后，在规范夯实国家课程的基础上，学校以学科教学、艺术教学、教育活动为载体，构建由学科艺术融合课程、艺术尚美专业课程和活动尚美体验课程组成的"尚美成人"特色课程体系，形成选择性多、活动性强、渗透性深的学校课程图谱。特色课程在各年级横向能够贯通、纵向能够衔接，丰富审美体验，开阔人文视野，引导学生树立正确的审美观、文化观；着力培育学生的正确价值观、必备品格、关键能力与审美素养，使之形成自主、合作、尚美、创新的健康人格。

下面从学校"尚美课程群"的课程目标来看，可以更好地帮助我们了解学校的整体课程建设理念。

表 2-1 "尚美课程群"的课程目标

		课程建设目标	学生发展目标	教师发展目标
尚美课程群	必修课程目标	开足开齐国家课程，适度增加学生的课程选择，促成学生个性化发展，促进学生的自主学习能力提升。建设国家课程之"艺味课堂"，提升学生的审美素养。培养人文情怀和科学素养，即形成自主合作、尚美创新的健康人格	至少拥有一项喜欢的艺术特长。激发好奇心和探索欲，使得学生的知情意行有机地统一起来，互相促进，达成以美启智、以美怡情、以美培元、以美化行的目标	关注教师专业化发展，促进教师扎实教学基本功与良好的职业道德素养。在课堂上创设有趣的情境，以情感、灵性、智慧活化认知，让课堂变得生动有趣、有艺味

（续表）

	课程建设目标	学生发展目标	教师发展目标
选择性必修课程目标	基础型课程的拓宽和延伸，为学生学习研究夯实基本的知识与经验，掌握基本的能力与方法，养成健康的个性和良好的心理品质	针对自身特长、兴趣拓宽基础知识与基本技能的深度与广度，形成自我规划和自主学习的能力，具有广泛的兴趣和积极健康的生活态度	培养教师具有至少开发一门拓展型课程的能力，培养教师具有学科融合美育的能力，增加审美素养和育人本领
选修课程目标	注重研究过程与方法，培养学生发现和提出问题、探究和解决问题、勇于创新的能力。通过融合美育的选修课程，提升审美素养在内的核心素养	培养一种高雅的审美情趣，培养学生具有良好的合作意识和团队精神，帮助学生养成实事求是的科学态度、勇于探索的科学精神，有一定创造美的体验与能力	培养教师具有开发研究型课程的能力，培养教师具有利用大数据评价教与学的能力

高中艺术课程案例

高中艺术课程是培养学生具有较高艺术素养的国家课程，属于必修课程，是一门包含音乐、舞蹈、美术、设计、戏剧、影视与数字媒体等艺术门类的综合性课程。"双新"背景下，以落实高中艺术课程教材为重点，以深化多元艺术教学研究为途径，遵循艺术感知、创意表达、文化理解、审美情趣四个维度的艺术核心素养的培养，发掘艺术课程的育人价值。在创造性地组织学习内容与精心设计学习活动的过程中，为学生提供丰富而有意义的艺术活动与体验，从学生、教师、教材三个方面思考如何因"材"施教，落实艺术课的根本目标——立德树人。在多种艺术形式、艺术实践中表达自己的观点和情感，逐步建立属于自己的"综合"艺术审美视角,逐步形成正确的价值观、必备品格和关键能力,个性化需求得到满足,提高属于自己的审美情趣。

在落实国家课程主阵地的同时,罗中的"艺术尚美课程"作为补充面向所有学生开放。"艺术尚美课程"属选修课程,课程分为欣赏体验、实践研究、交流展示三个层面,使学生能够由浅入深、由表及里地全面了解艺术知识,感悟美的历程。此类课程全员参与、多类型开设,学生可依据兴趣自主选择两门以上艺术课程来培养审美力,并将其中一门发展为自己的艺术特长。"艺术尚美课程"贯穿高中学涯,采取多样化的课程实施模式,在设置上,将大艺术课、社团活动、大课间展演、周六交响乐训练等课程形式有机结合,在不同程度上满足了艺术课程的全员普及、兴趣提高、拔尖培育的要求,努力将艺术技能培训、艺术审美鉴赏和艺术创新创作有机结合,以促进"全人+审美力"的发展。

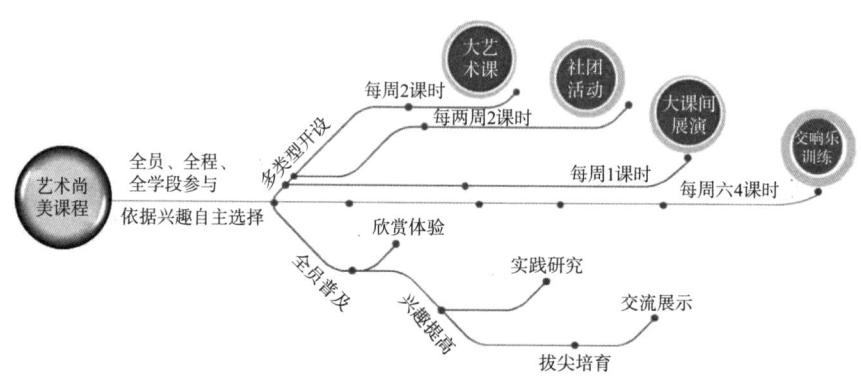

图 2-1 艺术课程实施模式

二、落实育人核心素养,编写指南

在罗中教师眼里,国家课程是严谨的,但也可以是"艺味"的。学科中隐藏着自然美、社会美、科学美、艺术美,课堂中美的元素如同盐溶于水,无处不在。

在地理、体育、生命科学等科目中，有着与人类和合的宇宙星空、山川河流、植物动物乃至微生物等，让学生感受到生命是美的最基本形式；在政治、语文、外语、历史等科目中，有着人类共有的思想、社会规则、道德修养等社会美方面的审美标准；在数学、物理、化学等科目中，有着人类科学发现、创造、实验等理性思维的美，是人类面对未知世界自信的源泉，它将纷繁复杂的世界简化为数字、公式、秩序，这种简洁之美是无与伦比的。在当前课程教育改革深化的大背景下，构建学生核心素养是学校发展的新命题。从教育实践层面来看，应当把核心素养落地并转化为具体的学科渗透探索，形成支撑和培育核心素养的手段和方法。

各教研组立足新课标，在本学科中充分挖掘美育要素、美育资源，编写了《罗店中学"有学科美育意识"的各学科美育融合指南》，以此作为"艺味课堂"的教学导向，让"艺味"自然地渗透在教学过程中，使学生更有兴趣地学习，在美的享受中、美的探究过程中学习各类人文学科、自然学科的课程。

各教研组先依据新课程标准明确各学科核心素养，在此基础上结合教材内容挖掘美育融合点，在日常的教学过程中，逐步把美育的思想融入教学的全过程。各学科正是基于这样的一份份具有学科鲜明特色的"美育融合指南"，真正做到了将"美的理念""美的元素"融入了日常教学的全过程。而学生在这种"润物细无声"的沉浸式美育教学理念的指引下，逐步提升美的感知能力、应用能力与创造能力。

罗店中学"有学科美育意识"的生物学科美育融合指南

罗店中学在提升学生核心素养的思想引领下，以培育"全人＋审美力"的时代新人为目标，基于学校的美育特色，整合现有的课程，构建了"尚美课程"体系。生命科学学科属于"尚美课程"体系之学科艺术融合课程（自然科学类）。该类课程的美育目标是"教人求真，至真为美"。

新课程标准指出学生核心素养主要表现为文化基础、自主发展、社会参与三大方面,其中的文化基础主要表现为人文底蕴和科学精神。人文底蕴明确将审美情趣作为具体表现,提出:具有艺术知识、技能与方法的积累;能理解和尊重文化艺术的多样性,具有发现、感知、欣赏、评价美的意识和基本能力;具有健康的审美价值取向;具有艺术表达和创意表现的兴趣和意识,能在生活中拓展和升华美等。

生命科学核心素养涵盖生命观念、理性思维、科学探究和社会责任等。在罗店中学理科类课程"教人求真,至真为美"的目标和新课程标准的指导下,引导学生在生命观念的建立中欣赏生命的直观美,在基本生命观念的建立过程中,发现生命有序、严谨、活力之美,感悟和欣赏就可以渗透其中。

在科学思维的培养中体验生命的科学美。生命科学中的理性思维是指崇尚科学思维精神,运用归纳与概括、演绎与推理、分析与建模、批判性思维等方法探讨生命现象及规律,审视或论证生物学社会议题。理性思维存在美,理性思维可以转化为美,理性思维可以创造美。在科学探究的过程中感知生命的健康美。生命科学中的科学探究是指观察发现生物学现象,科学提出生物学问题,设计实验、实施方案和结果的交流与讨论,以适应未来的职业倾向需求和自身的发展,在对生命活动的科学探究中,有利于学生建立起健康的审美价值取向,认识到机体的和谐之美是一切生命活动的基础。在社会责任的强化中珍惜生命的和谐美。生命科学的社会责任是指基于生物学认识和能力,参与个人与社会事务的讨论,作出理性解释和判断,尝试解决生产生活中的生物学问题的担当和能力,能够关爱自己、关注社会、关爱生命、保护生态环境和建立人与人和谐相处等,结合本地资源开展科学实践,尝试解决现实生活中与生物学相关的问题,服务与回报社会,实现人的发展和社会发展的统一,实现教育的终极目标。在感悟和体会了生命的有序美、活力美、多样美、健康美的基础上,进一步珍惜美、保护美,树立人与自然和谐共处的美学观念。

表 2-2　高一年级生物学科美育融合教学计划表(节选)

年级	学期	周	课时	单元名称	课题	教学内容		美育融合点
						基础内容	拓展内容	
高一年级	上学期	1	1	第一章 走进生命科学	第一节 走进生命科学的世纪	走进生命科学的世纪		科学家的榜样美；生命科学的创造美
		2	军训					
			2	第一章 走进生命科学	第二节 走进实验室	实验1.1 细胞的观察和测量		细胞的结构美和形态美；科研探究的严谨与坚持精神
		3	中秋假					
			3	第二章 生命的物质基础	第一节 生物体中的无机物	水、无机盐		合理膳食是健康美的基础
		4	4		第二节 生物体中的有机物(1)	糖类、脂类		合理膳食是健康美的基础
			5	第二章 生命的物质基础	第二节 生物体中的有机物(2)	实验2.1 食物中营养成分的鉴定		合理膳食是健康美的基础
			6		第二节 生物体中的有机物(3)	蛋白质、核酸和维生素		合理膳食是健康美的基础
		5	7	第三章 生命的结构基础	第一节 细胞膜(1)	细胞膜的结构和成分		生命结构与功能的适应美
			8		第一节 细胞膜(2)	细胞膜的功能		生命结构与功能的适应美
			9		第一节 细胞膜(3)	实验3.1 质壁分离及复原		感悟生命的精确

三、推进"双新"课程设计,重在落实

当我们沿着已有的模式慢慢步入正轨、渐入佳境的时候,"双新"改革突如其来。我们是老瓶装新酒,还是另起炉灶重新建构课程?研讨、争论、建构、推翻……现实又给我们出了这么个难解而重要又不得不解的问题。

我们静下心来想,与其争论不休不如好好研读一下"双新"的要求,只有深入领会才能少走弯路甚至是不走弯路。

目前"双新"(新课程、新教材)教育改革,是由国家主导的系统化的教育改革举措,包括新课程方案、新课程标准、新教材、新教学方式、新评价和新高考(中考)等几个方面。而"大单元任务教学"无疑是其中最鲜明的一个重要教学模式。

找到了突破口也就意味着找到了方向,接下来的工作就顺畅了许多。为了更好地落实"双新"要求,谋求学校教育高品质发展,学校在要求各学科教师积极参加"双新"培训的基础上,依据本校特色,以"大单元任务"教学设计为出发点开展情境化教学,关注应用性、综合性、探究性和开放性问题,以培养学生关注现实世界、解决实际问题的能力。单元教学顺应素养导向教学的需求,将学习任务、活动、评价等教学要素围绕单元学习目标相互关联整合,形成"单元整体",强调核心概念的功能化和核心知识的结构化。

因此各学科在进行教学设计的时候,特别关注单元内容梳理、单元结构规划、单元教学流程、单元学习目标、综合探究、单元作业设计等。教师们认识到只有在真实情境下运用某种或多种知识完成特定的任务,才能培育学生的正确价值观和关键能力、必备品格。

我们重新审视我们的"尚美课程",发现在之前的审美教育上存在"融合意识不强、美育资源挖掘随意化、审美教育零散化"等问题。在新时代背景下,我们不仅要挖掘学科美育要素,更要有序整合美育资源,序列化、系统化地将审美教育融入教学中,带领学生在学习的过程中获得丰富的审美体验,在审美感知中形成高尚的审美情趣和审美品位。为此我们着力研究"大单元"视野下特色

课程教学设计,编写了《罗店中学学科审美力培育单元目标设计》。

以高中数学《数列与数学归纳法》一章为例,详见下面的教学设计。

高中数学《数列与数学归纳法》单元教学设计

《数列与数学归纳法》是上海市高中数学课本高二年级第一学期第七章的内容。数列是高中数学的核心内容之一。等差数列与等比数列是两种常见的数列,在现实生活中有着大量的实例。对这两种数列的通项公式、递推公式及前 n 项和公式的深入研究,有助于提高数学建模能力以及分析问题、解决问题的能力。数列的极限在高中数学中尽管只有一种直观的描述,却提出了一种新的研究方向:当项数无限增大时,研究数列的项的变化趋势。这样的研究为微积分的产生和发展奠定了基础。本单元的学习,有助于提高归纳特殊的结果、猜测一般的结论,并予以严格证明的综合能力,有助于形成归纳、猜想、建立数学模型解决问题的思想方法,以及获得用有限的推理推导与正整数有关、涉及无限的命题的理性感悟。

数列可以看作是一种特殊的函数,它是反映自然规律的基本数学模型,尤其在计算机技术中扮演着重要的角色。本单元的重点是等差数列和等比数列的通项公式与前 n 项和公式,以及这四个公式的应用;对数学归纳法基本步骤的理解;根据已知的极限及运算法则求简单数列的极限。本单元的难点是等差数列与等比数列前 n 项和公式的推导;数学归纳法的应用,"归纳—猜测—论证"的过程;数列极限的概念。本单元通过日常生活中大量实际问题的分析,建立等差数列和等比数列两种数列模型,探究和掌握它们的一些基本数量关系,感受两种数列模型的广泛应用,并组织学生课后开展诸如等差数列与等比数列的类比之美、形如莱布尼兹三角形数阵的问题探究、多米诺骨牌与数学归纳法、汉诺塔与递推数列、雪花曲线的若干研究、斐波那契数列与黄金数等实际问题的研究性学习。

一、课时分配

本单元教学时间约需 20 课时,具体分配如下(仅供参考):

7.1 数列(2课时)

7.2 等差数列(4课时)

7.3 等比数列(4课时)

7.4 数学归纳法(2课时)

7.5 数学归纳法的应用(1课时)

7.6 归纳—猜测—论证(1课时)

7.7 数列的极限(4课时)

7.8 无穷等比数列各项的和(2课时)

二、渗透审美教育单元目标

(一) 审美知识单元目标

1. 理解数列、数列的项、通项、有穷数列、无穷数列、递增数列、递减数列、常数列等概念,认识符号语言的简洁美。

2. 掌握等差数列的通项公式与前 n 项和公式,品味数学公式的和谐美。

3. 掌握等比数列的通项公式与前 n 项和公式,体验用类比的思想方法对等差数列和等比数列进行研究的活动,品味数学的类比美。

4. 理解通项 a_n 与前 n 项和 S_n 之间的关系,并能解决有关问题,感悟数学的严谨美。

5. 理解递推数列的意义,会解决与简单的递推数列有关的问题,感悟数学的逻辑美。

6. 会用数列知识解决简单的实际问题,通过数列的应用发展数学建模能力,感悟应用问题的模型美。

7. 知道不完全归纳法和完全归纳法,掌握用数学归纳法证明命题的一般步骤,能应用数学归纳法证明与正整数有关的等式问题和整除性问题,体会数学的逻辑美。

8. 领会"归纳—猜测—论证"的思想方法,认识数学的辩证美。

9. 理解数列极限的意义,认识数学概念的抽象美。

10. 掌握极限的四则运算,能应用极限四则运算法则求数列的极限,品味数学公式的简洁美。

11. 掌握 $0<|q|<1$ 时等比数列各项和的公式,能应用其解决有关问题,感悟应用问题的模型美。

12. 通过探究课程和研究性课题的学习,撰写研究性报告,体验开放性问题的探究美和数学的人文美。

(二) 审美能力单元目标

按照教学内容发展的逻辑结构和教学目标,以及学生掌握知识的学习规律,来精心设计和安排教学环节,使教学过程的展示与教学内在的逻辑结构、学生的认知结构和谐统一。主要从以下几个方面展开:

1. 利用数学史欣赏美。教学中,教师可以适时介绍古今中外数学的辉煌成果,例如斐波那契数列、高斯求和、雪花曲线、国王的赏赐等,了解数学的发展进程,学习数学家的科学严谨的精神。

2. 情境创设感受美。例如,数列极限导入环节取自战国时代哲学家庄周所著的《庄子·天下篇》:"一尺之捶,日取其半,万世不竭。"也就是说一根长为一尺的木棒,每天截去一半,这样的过程可以无限制地进行下去。可以得到第 n 天剩余的木棒长度 $a_n=\left(\dfrac{1}{2}\right)^n$(尺),前 n 天截下的木棒的总长度 $b_n=1-\left(\dfrac{1}{2}\right)^n$(尺),然后分析变化趋势。通过创造一种美的意境来激发学生美的情感和学生的学习兴趣。

3. 挖掘教材发现美。高中数学教材是数学课堂教学的主要教学资源,也是重要的学习来源。教师要善于挖掘其中美的因素,让学生受到美的熏陶。例如数列可以看作是一种特殊的函数,通过等差、等比数列的通项公式的结构特征,体会等差数列、等比数列与一次函数、指数函数的关系。另外,通过数列中有趣的数字关系、和谐统一的简洁式子、比例结构的匀称协调等能唤起学生美的意识,促使学生获得数学美的体验。

4. 动手实践享受美。教学中,教师让学生自主探究课题,激发对美的探求。本单元通过等差数列和等比数列两种数列模型,在掌握它们的一些基本数量关系后，学生可在课后开展一系列的研究性学习，如等差数列与等比数列的类比之美、多米诺骨牌与数学归纳法、汉诺塔与递推数列、雪花曲线的若干研究等，感受两种数列模型的广泛应用。

（三）审美行为单元目标

1. 通过学习，不断优化求解思路，促进思维发展。

2. 教师认真挖掘教材，设计的问题能体现数学美，注意学法指导。

3. 活动过程中营造合作学习的良好氛围，培养学生善于思考、勇于提出问题的习惯。

4. 鼓励学生大胆质疑，发表不同意见，尤其是创造性的意见；不断开阔解题思路，切实提高数学学科素养。

三、审美评价

本单元审美评价从十个维度展开，详见表2-3。

表2-3 数列单元审美评价量表

维度	评价内容	学生自评	教师评价
数学语言的简洁美	理解数列、数列的项、通项、有穷数列、无穷数列、递增数列、递减数列、常数列等概念；掌握极限的四则运算，能应用极限四则运算法则求数列的极限		
数学公式的和谐美	掌握等差数列的通项公式与前n项和公式		
数学的类比美	掌握等比数列的通项公式与前n项和公式；体验用类比的思想方法对等差数列和等比数列进行研究的活动		
数学的严谨美	理解通项a_n与前n项和S_n之间的关系，并能解决有关问题		
数学的逻辑美	理解递推数列的意义，会解决与简单的递推数列有关的问题；知道不完全归纳法和完全归纳法，掌握用数学归纳法证明命题的一般步骤；能应用数学归纳法证明与正整数有关的等式问题和整除性问题		

(续表)

维度	评价内容	学生自评	教师评价
应用问题的模型美	会用数列知识解决简单的实际问题,通过数列的应用,发展数学建模能力;掌握 $0<\lvert q\rvert<1$ 时等比数列各项和的公式,能应用其解决有关问题		
数学的辩证美	领会"归纳—猜测—论证"的思想方法		
数学概念的抽象美	理解数列极限的意义		
开放性问题的探究美	理解等比数列前 n 项和公式的推导过程;通过探究课程和研究性课题学习,撰写研究性报告		
数学的人文美	掌握通项公式的推导;理解等差数列前 n 项和公式的推导过程;通过探究课程和研究性课题学习,撰写研究性报告		

在编写的过程中我们注重审美知识单元目标、审美能力单元目标、审美行为单元目标的确立,遵循从知识到技能再到能力的学习规律,不仅提升学生的学习能力,同时也倒逼教师朝着研究型教师的方向发展,最终实现教师与学生的共同成长。

各学科有了这样的审美力培育单元目标之后,我们发现在日常的教学中,我们的学科美育更为系统与整合,学生的学科审美能力在原有基础上有了进一步提升。

第二节 三类特色课程群融合并举

一、整合三类课程,构建体系

罗中的美育特色课程的发展有着悠久的历史传承,在当今育人方式变革背景下,审美教育逐步向课程美育、文化美育、活动美育方向拓展、深化,并形成系列,目前已经形成比较成熟的尚美特色课程群。罗中的"尚美课程"有效地融入了知识的整合、课程的整合和社会的整合。学校通过尚美课程的建设,不仅让学生在优美的认知内容、积极的情绪体验和丰富多彩的实践活动中获得知识、技能、态度、情感、价值观,还给学生创设一个宽阔的生命发展空间,让每一个置身其中的生命个体都能在罗店中学这个崇尚"求真、向善、尚美"的校园里获得心灵的舒展,迸发智慧的火花,涵育高雅的情趣,一生都能"与爱相伴、与美相随"。

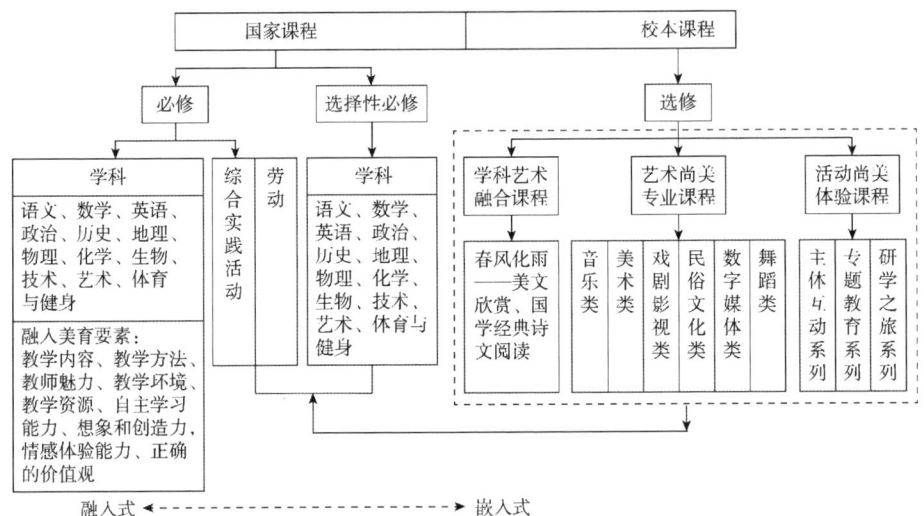

图 2-2 罗店中学"尚美成人"课程整体框架图

在这份"尚美成人"的课程框架中,我们不仅能清晰地看到作为学校特色课程的建构,同时也能看到特色课程是国家课程的补充。在具体实施的过程中,采用了融入式和嵌入式两种不同的实施方式,有机地将学校特色课程与国家课程整合在了一起。

学科美育融入主要是指将美育渗透到语文等12门必修学科课程中,努力实现国家课程艺味化、校本化。在语文等12门国家必修课程教学中形成有效的系列化的结合点,注重学科美育功能,在教学内容和教学方法上有机融入美育元素,如在教学内容、教学方法、教师魅力、教学环境、教学资源、自主学习能力、想象和创造力、情感体验能力、正确的价值观等方面有效融入。经过一年的实践,必修学科美育渗透进一步完善,学校已经实现了"框架研究到案例研究"的提升,以及学科"艺味课堂"的提升。

学科美育嵌入是指将学校特色课程有机嵌入学校课程体系。学校特色课程是对国家课程的补充,通过特色课程嵌入必修、选择性必修课程,丰富国家课程。学校特色课程是选修课程,特色课程在必修、选择性必修课程中充分呈现、全面融合。学校特色课程嵌入必修课程之综合实践活动、劳动课以及选择性必修课的部分课程之中,一同形成育人合力。通过综合实践活动进行美育主题整合,将志愿服务、党团活动、军政训练、社会考察等通过设计美育主题活动,彰显美育特色,全面推行综合素质教育;通过项目化研究开展研究性学习及跨学科小组合作探究,使课程实施的形式丰富多彩,确保学生在学习过程中综合素养得到提升,促成学生全面而有个性地发展。

在建构了课程框架的基础上,学校进一步梳理课程目标,并以此为依据整合已有课程,构建各课程的具体内容与实施途径。

表 2-4 特色课程育人目标

	艺术尚美专业课程	学科艺术融合课程	活动尚美体验课程
以美启智(知):以美感活化认知,丰富想象力,启迪智慧	通过多元艺术课程的普及性教育,丰富学生的审美经验,了解美、懂得美,获得相应的美的知识,包括美的哲学知识、美的心理学知识、美的艺术知识	通过美育的学科渗透,将美的哲学知识、心理学知识、艺术知识融合在学科教育中,了解美、懂得美,获得相应的美的知识	通过各类美育活动,丰富学生的审美经验,了解美、懂得美,获得相应的美的知识
以美怡情(情):培养对美的敏感性、敏锐性、愉悦感、仪式感和生活感知力,热爱美的事物,热爱生活,热爱生命	通过多元的艺术课程体验,激发爱美的天性,强调情感培养内容涉及美的价值取向教育、爱美的同化趋向教育,形成更高层次上的带稳固性、习惯性的兴趣爱好和价值选择	通过学科美育渗透,融合学科特点唤起爱美天性,提升审美情趣,树立和谐的审美价值观	通过各类美育活动,激发审美热情、审美认同及崇高的理想

（续表）

	艺术尚美专业课程	学科艺术融合课程	活动尚美体验课程
以美培元（意）：培养美的人格、美的品德、爱国爱家	通过多元艺术课程，提升审美能力及审美意识。审美能力包括审美感觉力、审美知觉力、审美注意力、审美记忆力、审美想象力、审美情感力、审美思维力；审美意识主要包括审美趣味和审美观念	通过学科美育渗透，提升审美趣味和审美观念	通过各类美育活动，促成各项审美能力的强化，确立符合社会主流价值观的审美意识
以美化行（行）：培养以富于美感的方式去学习、去生活、去生产、去创造	通过多元艺术课程的学习，学生在掌握艺术技能的基础上，进行艺术创作，充分表达美的理解	通过美育的学科融合，学生能将美与学科成果联结，在学科表现上体现出对美的理解和表达	通过各类美育活动，能够自由表达对美的理解，美的表达与自身成长、理想信念融合

1. 艺术尚美专业课程群

艺术源于生活，能够引领社会风尚，激励人的精神，陶冶人的情操。立足于国家艺术课程标准的理念，罗中多年来积极探索艺术育人新方式，开设艺术尚美专业课程群，逐步形成了包括音乐、美术、舞蹈、戏剧影视、民俗文化、数字媒体艺术在内的多元艺术体系，让师生在不断地探究和追问中体验艺术所表现的丰富内涵，理解艺术中蕴涵的人文价值，提高学科素养，提升审美能力。目前开发并实施了33门艺术尚美课程，总计学分≥4学分。

表2-5 艺术尚美专业课程群

吹奏乐欣赏指南	刮蜡画技法汇编	罗溪雅韵篆刻
基础乐理	罗店民俗版画教程	泥塑
视唱练耳	走进创作性心理戏剧	传统戏曲欣赏与演绎
管乐合奏基础教程	心理疗愈戏剧工作坊	木工

(续表)

各乐器专业课程	论坛戏剧	慧心慧手
乐团合奏表演课程	基础书法欣赏	微影视的拍摄与制作
素描进阶训练	历代书法赏析	摄影
速写进阶训练	书法创作	青春合唱
漫画进阶教程	走进罗店彩灯	青春辩论
涂色技巧汇编	罗店彩灯设计与创新	国潮衣尚
纸善纸美	罗店彩灯	竹编

2. 学科艺术融合课程群

该课程群是对国家课程的拓宽、加深,与社会生活联系更加紧密,融入日常教学,为在共同基础上不同水平的学生提供课程选择。教师以校本课程为抓手,采用丰富的教学手段,帮助学生感悟学科美,为学科专业知识的学习注入新的活力,帮助学生学会用"美"的视野来观察和欣赏学科知识,激发学生的想象力与创造精神,提高人文修养水平,从而达到普及学生对美的感知与感受的目标,提高学生对"美"的感悟力,拓展社会、生活、科学中的艺术视野,提升个人修养,塑造健全人格,培养和提高学生鉴赏美的能力。该课程群总计学分≥12 分。

表 2-6 学科艺术融合课程群

春风化雨——美文欣赏	踏寻美的足迹,地理实地探究	气象知识
课本里的人生	智慧之光	气象小实验
中国古典诗歌选读	儒家文化	心理碰碰车
高中数学建模拓展	统计物理学在生活中的应用	心灵驿站
高中数学文化拓展	宇宙的奥秘	心花绽放,灵犀点通
走近伟大的数学家	智能家电唤醒美好生活	探寻幸福人生密码
美丽世界,英语为伴	"魅力化学"系列	拥抱美好的明天
"英语悦学"系列之概要写作	生命、健康、阳光	以美育心,绘心筑梦
"英语悦学"系列之悦说	算法与生活	

3. 活动尚美体验课程群

活动课程即经验课程，罗中的活动课程更多地融入了美的元素，是将审美素养内化为学生审美能力的重要途径。罗中活动尚美体验课程群分为以下三类："思美"专题教育课程、"寻美"研学活动课程和"行美"主题活动课程。该课程创设各类活动平台，学生在课程中通过亲身体验来获取丰富多样的审美经验，提升审美能力，涵养审美素养，实现全人发展。

学校目前已经开发15门活动尚美体验课程。该课程群总计学分≥4分。

表2-7　活动尚美体验课程群

以美育心，三感成人	艺海扬波	最美跑道，最真告白
古风新韵	古镇探秘	罗溪庙会
戏点人生	进馆有益	太阳能的作用
醉美校园	美丽乡村	玩转无人机
乐享音乐	太阳能发电系统的设计与应用	未来城市景观设计

值得一提的是，为了开阔学生的眼界，提升学生的思维品质，激发不同学科之间的想象与创造，学校在本课程群中积极探索跨学科研究性学习。跨什么、怎么跨等一系列问题倒逼思考。在美育特色指引下，我们开展了三类跨学科研究性学习：第一类是以学科类为基础的跨学科研究性学习，如以物理学科为基础知识的"太阳能发电系统的设计与应用"，融合了物理、工学、文学等不同学科知识；第二类是以艺术学科为基础的跨学科研究性学习，如以音乐为基础的"乐享音乐"，融合了音乐、计算机编程、音效、美术等不同学科知识；第三类是以科技为基础的跨学科研究性学习，如"玩转无人机""未来城市景观设计"，融合了科技、计算机、园林设计、生态环保等不同学科知识。

在整体提升全体学生审美素养的同时，学校充分关注学生的个性化差异和多元化选择，将课程群设置为Ⅰ、Ⅱ、Ⅲ、Ⅳ四个梯度。第Ⅰ层为全校普及基础型课程，属特色必修课程，满足全体学生提升美育素养的基础需求，满足美育通识普及；第Ⅱ层为兴趣发展拓展型课程，属选修课程，鼓励学生结合自身兴趣寻求特色发展；第Ⅲ层为特长培养提升型课程，属选修课程，为学生特色特长培养提供理论和实践支持；第Ⅳ层为自主创新拔尖型课程，属选修课程，助推部分特色学生的高阶能力发展。分类分层的设计在确保课程惠及全体学生的同时，给予兴趣度高、富有特长的学生更为广阔的发展空间，从而满足不同层面学生的需求。通过知识普及、活动体验、技能强化、创新探究由低向高逐渐提升的分层实施课程，从兴趣培养到高阶思维训练，分层递进地培养学生的审美素养。

二、监管过程实施，多元评价

1. 特色课程纳入课表

梳理了课程资源、架构了课程框架、明确了课程目标，还进一步进行了分层设计，所有这一切都完成之后，真正让特色课程能落地的具体关键在于课程的实施过程。为了保证特色课程真正发挥它亮色的作用，真正为学生服务，能满足学生个性化发展的需求，学校明确把特色课程的安排纳入课表中。

学科艺术融合课程为学科类美育拓展课程。此类课程主要利用学科拓展课程开展，平均每两周1课时，让学生在情境创设中，以情感、灵性、智慧活化认知，以问题为导向，激发学生的好奇心和探索欲，让学生的知、情、意、行有机地统一起来，并互相促进。

艺术尚美专业课程为全员参与的选修课程，学生可依据兴趣自主选择。课程设置上，将大艺术课（每周1课时）、社团活动（每两周2课时）、大课间展演（每周1课时）、周六交响乐训练（每周4课时）等课程形式有机结合，在不同程度上满足了艺术课程的全员普及、兴趣提高、拔尖培育的要求。

活动尚美体验课程在实施模式上根据不同课程的特点，采用不同的实施途径，实行一季一主题的策略，分别为金秋音乐季（每周一次艺术展演、每月一次音乐会、季末文化艺术节）、冬日民俗季（包含民俗传人系列讲坛、民俗文化系列体验、学生庙会)、春芽戏剧季(包含大型戏剧观演、戏剧讲坛、校园戏剧大赛)、夏令研学季(包含高一看古镇、古镇职业访谈,高二访谈学长、寻觅创造之美),做到"春有戏剧秋有乐,夏去研学冬民俗"。

以劳动教育为例,劳动教育须从知、情、意、行多方面入手,与德、智、体、美各育互融,通过综合实施,才能不断发挥育人价值。劳动实践活动要有整体性,统筹考虑学校工作的各层次、各要素,做好不同内容的互动与衔接。为此我们将劳动教育与学校的特色相结合,让学生不仅会学习,更要会生活。学校劳动教育以实践活动为主要的学习方式来开展,沿循"每一位学生三年里在四个不同空间参与五类项目"的"一三四五"线索,以"主题设计独到、环节预设合理、学生喜闻乐见"为宗旨。一是夯实自治区"教室、宿舍",以劳促行。班级自管会、星级宿舍评比是学生劳有所获的主渠道,既提高日常劳动技能,又养成日常行为规范,激发主人翁意识,增强自律意识。二是站稳主阵地"课堂",以劳为乐。志愿服务是学生劳动初体验的发源地,在集体劳动中学会自主与合作。三是探秘大学堂"社会",以劳育心。"古镇职业探秘"生涯实践项目组织学生走进古镇大熔炉,走近古镇手工匠人,倾听鲜为人知的劳动故事。四是融入探究坊"实验室",以劳尚美。罗店镇享有"春有花神秋有画,夏有龙船冬有灯"的美誉,学校民俗美育实验室涵盖花神庙、版画室、龙船堂、花灯坊、书法坊,其功能集体验活动、创作研讨、作品展示于一体,是学生开展创造性劳动的孵化地。

体育课程也是如此。我们将美育的理念融入体育课程中,为学生开设了武术、跆拳道、羽毛球、乒乓球、篮球、足球、排球、健美操八个科目的选修课程,让学生在体育活动中不仅能发展自己的兴趣爱好,而且能在不同的课程中学习到协作、拼搏、进取、健康等美好生活的理念。此外学校还通过体育社团、体育比赛等不同形式的活动,增技能、强体魄,让学生更健康地成长。

2. 明确特色课程管理流程

在明确了三类特色课程具体的实施计划之后,学校进一步规范特色课程的管理流程。

首先，特色课程的有效开展离不开科学、严格的管理。为了更有效地对"审美素养培育"特色课程进行管理，罗中在机构设立上进行一些改革，专门设立了特色课程领导小组、特色课程研究中心、特色课程教研组（综创组），架构了纵向管理的组织机构，并明确各机构的职责。

表 2-8 特色课程管理组织架构

机构	职责
特色课程领导小组	以校长为组长负责特色课程的顶层设计、课程方案制订等发展举措的决策工作
特色课程研究中心	负责管理特色课程的研发、实施、评价等工作
特色课程教研组	负责组织教师对特色课程教学中的具体问题开展探索研究，寻找解决的途径和方法，还参与特色课程的研发、日常教学活动的过程监控和评价工作

除了"审美素养培育"特色课程的专设机构人员外，参与特色课程管理的人员还包括校外各类专家、校内视导小组的成员（主要来源于教学、德育、后勤等常规部门），负责定期开展特色课程的综合视导工作；特色课程教师，负责对特色教学活动的管理；特色实验室和特色场馆的管理人员，负责特色场馆的日常管理；后勤管理人员，负责特色课程设施设备的日常维护。

其次，学校规范了特色课程的设计与开发，形成了从申报、审核到评价的一条龙体系。

罗中在"审美素养培育"特色课程设计、开发的前期就对所要开发的课程制定了相应的规范。特色课程开发教师（包括外聘）必须根据学校的规范要求，在调查、论证的基础上，填写《罗店中学特色课程开发申报表》《罗店中学特色课程简介表》。然后，学校组织专家进行审核，提出修改意见和建议。课程开发教师认真研究专家组审查意见并加以修改完善后，再进入课程编订的阶段。

课程编订完成后,开发教师填写《罗店中学特色课程开发审核表》,经专家组审核通过后方能实施。特色课程方案实施一段时间后,听取师生反馈,开发教师同实施教师一道在专家组意见的基础上对课程进行完善、修改。

特色课程实施一学期后,再请专家组对实施情况进行论证评估,填写《罗店中学特色课程评价表》,开发和实施特色课程的校内外相关人员根据专家的评估意见对课程再进行进一步的完善。

特色课程管理见表 2-9 至表 2-12。

表 2-9 罗店中学特色课程开发申报表

姓名	年龄	学历	专业	个人兴趣与特长	拟开设课程	拟开设时间

表 2-10 罗店中学特色课程简介表

课程名称:
执教教师:
课程指导思想:
课程目标:
课程内容:
课程安排(简要描述):
教材简介:
教学形式:
成果形式:
评价方式:

表 2-11 罗店中学特色课程开发审核表

执教教师：	
课程名称：	
课程目标	□课程目标与教育目的和特色教育目标保持一致 □比较一致 □不甚一致
	□课程目标具体清晰 □比较清晰 □不甚清晰
	□课程目标全面、科学 □比较全面、科学 □不甚全面、科学
	□课程目标能够细化成教学目标 □大致能够细化 □不能细化
	□课程目标符合现代社会对学生的需求和学生发展的需求，有利于培育学生的环境素养和学生的可持续发展 □比较符合 □不甚符合
课程内容	□课程内容符合已经确定的课程目标的要求，具有科学性 □比较符合 □不甚符合
	□课程内容适合学生现有的知识结构和认知特点，具有时代性和启发性，突出实践能力的培养 □较为适切 □不甚适切
教材设计	□教材设计合理，难度循序渐进，符合学生的认知规律 □教材设计较为合理，部分章节有待修改 □教材设计不甚合理，编排紊乱

(续表)

课程实施	☐课程实施途径的选择科学,能够有效地达成课程目标,且实施途径和方式方法多样 ☐课程实施途径的选择较为科学,基本能够达成课程目标,且实施途径和方式方法较为多样 ☐课程实施途径的选择欠缺科学性,难以达成课程目标,且实施途径和方式方法单一
	☐课程实施策略有利于培养学生学习的自主性、创造性,且注意学生的个别差异 ☐课程实施策略比较有利于培养学生学习的自主性、创造性,且比较关注学生的个别差异 ☐课程实施策略忽视学生学习的自主性、创造性,不关注学生的个别差异
	☐课程实施策略具有灵活性、适切性 ☐比较具有灵活性、适切性 ☐不具有灵活性、适切性
课程资源	☐学校具备课程实施所需要的课程资源,或具备相应的解决途径和方法 ☐学校具备一部分课程实施所需要的资源 ☐学校不具备课程实施所需要的资源,且没有相应的解决途径和方法

表 2-12 罗店中学特色课程评价表

课程名称:				
执教教师:				
计划准备	符合社会发展需要,具有时代感,体现学校特色	10	7	5
	计划完整	10	7	5
	教材、资料准备充分	10	7	5
实施	认真教学,完成教学计划	10	7	5
	课程教学有新意,能积极运用各种教学手段,注重实践和研究	10	7	5
	学生认真完成各种类型的作业	10	7	5
	在学校各类检查中所反映出的情况良好	10	7	5
效果	成果形式丰富	10	7	5
	学生满意度高	10	7	5
	有完整的课程资料	10	7	5
总分				

3. 多样化实施特色课程

下面我们再具体谈谈罗中课程多样化创新实施模式。

学校依法办学,在开足、开齐各类课程的基础上,为了实现课程美育效果的最优化,在实施模式上针对三类课程不同的特点,对不同课程采取了不同的实施模式。

(1) 学科艺术融合课程群的实施

学科艺术融合课程作为学科类美育拓展课程,各教研组立足"双新",在本学科中充分挖掘美育要素、美育资源,编写了《罗店中学学科融合美育指引》,与现行高中国家课程相融合,以此作为"艺味课堂"的教学导向,让"艺味"自然地渗透在教学过程中,使学生更有兴趣地学习,享受学习、探究过程的美。

大家都知道,变革育人方式应该从课堂开始,为此我们尝试构建了"艺味课堂"模式,就是在学科教学中创设有趣的情境,以情感、灵性、智慧活化认知,以问题为导向,让课堂变得有趣味、有艺味,激发学生的好奇心和探索欲,让学生的知情意行有机地统一起来,并互相促进。罗中确立四个维度的教学与评价指标:激起兴趣与探索欲,激发信心与力量,激活智慧与创造力,唤醒美的心灵与行动。在此基础上,我们总结出课堂情感审美化的基本流程。

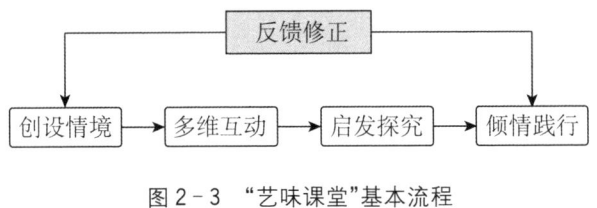

图 2-3 "艺味课堂"基本流程

通过艺味课堂的建设,我们不断变革教与学的方式,以学生为中心,以学定教,从而达成以美启智、以美怡情、以美培元、以美化行的目标。

(2) 艺术尚美专业课程群的实施

进入罗中的每位学生可以根据自己的兴趣,选择两门以上艺术课程来培养审美力,并将其中一门发展为自己的艺术特长。我们注重通识培养与专业培养结合,在课程设计与实施中努力将艺术技能培训、艺术审美鉴赏和艺术创新创作有机结合,以促进"全人+审美力"的发展。

艺术尚美专业课程贯穿整个高中生涯,采取多样化的课程实施模式,具体可分为欣赏体验、实践研究、交流展示三个层面,使学生能够由浅入深、由表及里,全面了解艺术知识,感悟美的历程。此类课程全员参与、多类型开设,学生可依据兴趣自主选择,在不同程度上满足了艺术课程的全员普及、兴趣提高、拔尖培育的要求。

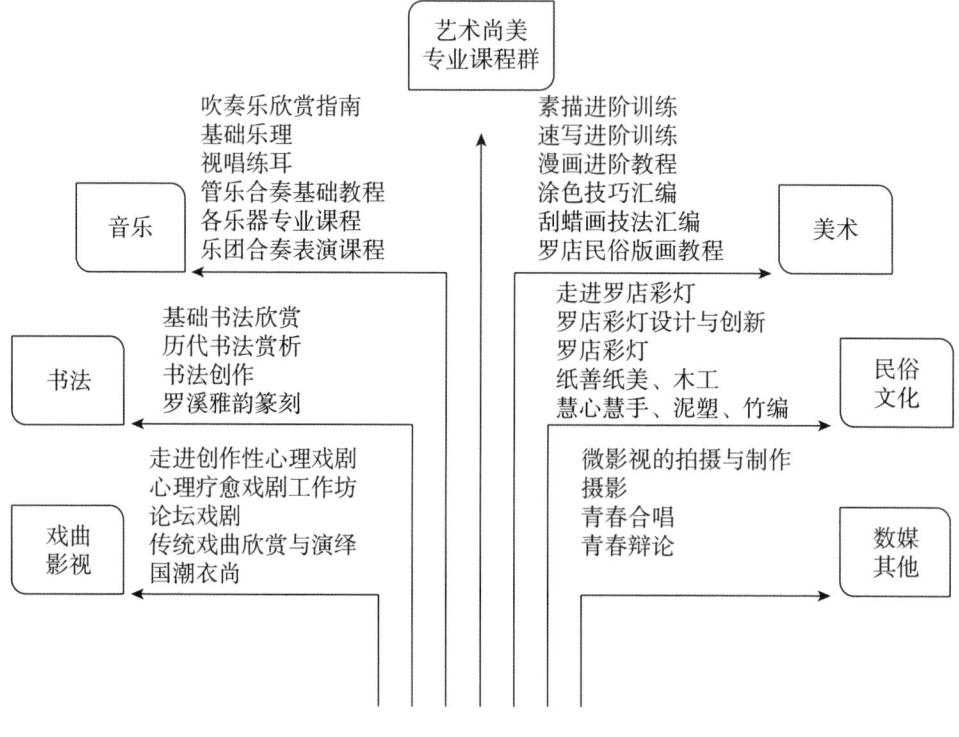

图 2-4　艺术尚美专业课程群

(3) 活动尚美体验课程群的实施

罗中的活动尚美体验课程群内容丰富,在课程实施模式上根据不同课程的特点,采用不同的实施途径。例如,"行美""寻美"研学活动课程采用长短课时结合的方式,长则两周,短则一到两天,实行一季一主题的策略,分别为金秋音乐季、冬日民俗季、春芽戏剧季、夏令研学季,做到"春有戏剧秋有乐,夏去研学冬民俗",每个主题季包含丰富的探索体验、实践研究、展示交流活动。学生通过跨学科项目学习的方式,在教师指导下,以课题研究为载体,将各科知识与美育有机融合,在问题解决中激发智力、培养能力,同时提高审美素养。

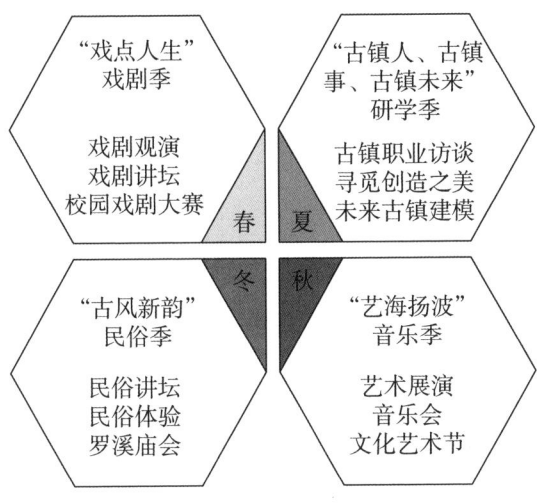

图 2-5 活动尚美体验课程群

4. 学分制管理初探索

为更好地落实国家"双新"教改,使之与学校以美育人思想相融合,学校在美育素养培育特色课程的实施中尝试采用学分制管理。结合课程学习内容和课程难度梯度,设立了由低到高 A、B、C、D 四档学分标准,其中 A 档(20 学分)为全员性学分要求,即每个罗店中学的学生必修学分。基于教学评一致性,以过程性评价为主,辅助结果性评价,考查学生的素养水平,给予相应学分,计入学生综合素质评价。

表 2-13 特色课程学分赋分表

评价项目	学分				年级
	A	B	C	D	
学科艺术融合课程群	4	5	6	7	高一
	6	7	8	9	高二
	2	3	4	5	高三

(续表)

评价项目	学分				年级
	A	B	C	D	
艺术尚美专业课程群	2	3	4	5	高一
	1	2	3	4	高二
	1	2	3	4	高三
活动尚美体验课程群	1	1	2	2	高一
	2	2	3	3	高二
	1	1	2	2	高三

5. 多元评价促发展

为了进一步完善特色课程，学校构建了美育特色课程全方位评价体系。通过分析课程目标的恰当性、课程内容的适切性、实施过程的有效性、课程评价的多元性，对美育课程进行发展性评价；通过监控课程的实施过程并及时反馈教学成效，对美育特色课程的教学进行评价；通过评估美育课程目标的达成情况、学生审美素养的提升情况，对学生进行审美素养评价。

（1）美育课程的发展性评价

学校以美育为手段需要进行评价，其主要指标为课程目标是否恰当、课程内容是否适切、实施过程是否有效、课程评价是否多元，属于发展性评价。当然在美育课程实施之前，学校须先行组织校外专家团队和学校教师进行课题研究，论证哪些课程可以采用什么样的美育手段，目标是否符合课程特点和课堂教学需要。

（2）美育课程的教学评价

罗中美育课程的实施关注教师美育相关手段，即在课程教学中，教师是否利用了包含艺术与审美在内的诸多可以纳入美育的手段。人的审美由形式美的直观、情感体验以及意义与价值的反思性判断等因素构成，当教师在教学中使用了任何一种审美手段，对教学内容进行了艺术化、审美化，对学生进行情感化与审美化的引导，就可以被视为采用了美育手段解决科学性、可行性和有效性问题。

（3）美育课程的学习评价

学校以课堂组织、教学内容安排、学生学习过程、成果呈现、对学生的引导作为评价美育特色课程对学生学习的影响的观测点，制定了适用于美育特色课程的学习评价系统，主要包括：审美作为手段在课程中的情感引导作用，即推动学生对所教内容有情感上的体验；审美对课程的推动作用，即审美活动的引用是否推动了学生对所教内容的理解与掌握；审美对学生的启迪作用，即审美案例是否帮助学生把所学内容与实际问题、实际现象相结合；审美的引入是否推动课堂氛围的生动化；审美活动的引入是否有助于学生注意力的集中；审美活动的引入是否有助于学生之间的交流与讨论以及审美活动的引入与课后作业是否有关联。

（4）将校本化学生综合素质评价方案与美育课程评价相结合

结合高考综合改革，学校将美育特色课程学习评价与综合素质评价结合起来，以此来看美育特色的实际效果，包括相关文艺竞赛、体育竞赛获奖，艺术素养，学生的德智体美劳全面发展，学生文明行为等方面，对评价项目和所占比例进行了规定，以此促进学生对提高自身综合素质的重视。由教导处、德育处和课程研究中心定期组织考试和考查，每学期进行登录，形成学生综合评价数据库，为学生发展追踪和教育改进提供依据。

6. 特色场馆保实施

为了保障美育课程的开设和实施，为课程提供有力支撑，学校建成了六大美育基地：古风新韵民俗美育基地、灵犀点通生命美育基地、周宝良音乐创新实验室、金云华美术创新实验室、金爱华书法工作室、气象物语项目学习基地。

在"古风新韵民俗美育基地"里，罗中将民俗文化与创新实验室建设融合，设有花神创新实验室、龙船创新实验室、彩灯创新实验室、书法创新实验室、古诗词创新实验室、民俗文化小剧场。在"灵犀点通生命美育基地"里，除标准的心理健康教育组室外，还设有生涯工作坊、教育戏剧工作坊、家庭教育工作室、安全体验教室、未来问题挑战工作坊，为学生的生涯指导提供最坚实的物质基础。"周宝良音乐创新实验室"包含上海郊区唯一的交响乐厅、多功能录播室、键盘室、数字音乐编辑室以及门类齐全的16个管弦乐训练专用教室，是音乐系统培训与学生自我艺术修养提升为一体的课程基地。"金云华美术创新实验室"包含民俗版画创新实验室、民俗版画展览体验室、美术写生室,是美术系统培训与学生自我艺术修养提升为一体的课程基地。这些艺创基地,是美育课程实施的区域,也是学生自主学习的场所,更是学生研究创造的平台。

第三节 探索"艺味课堂"实践新模式

一、道与术的艺味融合

学校以"全人+审美力"培养为核心,以培养审美能力、陶冶美的灵性、温润美的人格为重点,加强"艺味课堂"实践研究,积极探索美育渗透的教学模式,丰富教学的审美体验活动形式,拓宽课堂的人文视野,增强学生的文化自信,推进学科美育的有效实施。

在讲"艺味课堂"之前,先讲个小故事。我们最先构建的课程实践模式叫"美感课堂",想着与"尚美课程"正好匹配。后来在实践的过程中,我们发现我们的想法简单了。何谓"美感"?美感是对于美的感受或体会,是审美活动中,对于美的主观反映、感受、欣赏和评价。也就是说,"美感"是一种综合的感知能力,它不只是让人感知到美,更要在感知的基础上有欣赏与评价的要求。这实际上是非常高的一种能力要求,以我们目前的水平而言,我们的课堂远没有达到"美感"的要求,我们未来"任重而道远"。为此我们依据实情调整课程实践模式,改变为目前的"艺味课堂",即先让我们的课堂有"艺味",有"美"的感觉,然后再向"美感课堂"的方向努力。

"艺味课堂"是指在学科教学中,一方面以审美化、艺术化的方式,调动学生的学习兴趣与学习热情,以寓教于乐的方式,提高课堂的教学效果;另一方面,尝试在学科教学中提升学生的审美能力,把学科教学与学生审美能力的提高、审美趣味的雅化、审美感受力的提高结合起来,让学科教学不仅仅是知识的传达,还要具备以美怡情、以美培元、以美化行的美育功能。

我们尝试构建"艺味课堂"模式,就是在学科教学中创设有趣的情境,以情感、灵性、智慧活化认知,以问题为导向,让课堂变得有趣味、有艺味,激发学生的好奇心和探索欲,让学生的知情意行有机地统一起来,并互相促进。罗中确立四个维度的教学与评价指标:激起兴趣与探索欲,激发信心与力量,激活智慧与创造力,唤醒美的心灵与行动。

为了更好地推进"艺味课堂"的实施,罗中每年开展"艺味课堂"教学评比与展示活动,无论是青年教师还是校级区级骨干教师都参与到活动中去。在活动中我们主要实践、探讨、反思三个问题。

1. 教与学的时空拓展

在泛在学习时代,我们努力打破教与学的时空限制,注重教学的课内课外相结合、学科内外相结合、线下线上相融合。慕课、尔雅、MOORs等学习平台为学生提供大量可供选择的资料;微信、QQ、腾讯课堂等个性化辅导App使得学习变得时时处处;极课、必由学等自适应学习系统为学生提供个性化的学习新方式,提高教师教学诊断的准确性与效率。可以说,互联网与大数据分析系统拓展了传统教与学的时空界限。此外,充分利用高校资源、高水平场馆资源和各类学习实践基地资源,让学生走出课堂和书本,通过实地探究,丰富学习体验,建立抽象知识与实际生活的联系。

2. 教学方式的变革

美育应该融入学生学习全过程,这就要求教师在设计教学的时候做全方位的考虑,不仅是教学内容的美育元素挖掘,而且需要在学情分析、情境设计、教学环节优化、板书设计、语言表达等方面做通盘考虑。一是关注知识与生活情境的关联。通过情境的创设搭建起学科知识和现实生活的桥梁,通过具体生活情境的创设,将抽象的知识具体化,以实现语言之美与问题之美。二是通过美感触动、情感打动、思维互动来促进美育落实。在活动的过程中激发学生的信心和力量,以实现和谐之美与沟通之美。三是通过启发探究深化知识。在教师的引导启发之下,激活学生的智慧与创造,以实现思维之美和生成之美。四是通过倾情践行活化认知。教师通过教学唤醒学生美的心灵和行动,以实现价值之美和仁爱之美。为此,学校连续几年开展课堂教学改革的探索实践,主题分别为 2017 年的"提高毕业班复习课课堂效益"、2018 年的"提升骨干教师的辐射引领作用"、2019 年的"新课程标准下的有效教学研究"、2020 年的"多元课程引领育人价值、美感课堂提升内涵发展",比较有效地促进了教学观念与行为的转变。

课程的实施关键在于教师,教师不仅是国家课程的执行者,还是理解者、研究者、实践者、探索者。教师对于学科美育的理解程度将直接影响到美育的实施。学校形成了教研组资源共享文化,在此基础上每位教师都有自己个性化的教学方法。"1+1 往往大于 3",正所谓"三人行,必有我师焉",学校通过开展微格教学集体研讨活动来进一步开展"艺味课堂"的实践研究,既能避免出现教师因个人理解不足导致的课堂教学无效,又能借助集体的智慧促进、完善"艺味课堂"的实践。学校规定 45 周岁以下的教师每人录制一堂"艺味课堂"的展示课,教研组集体观摩录像课,从课堂设计、课堂呈现、课堂体验等角度开展充分的研讨。有时还要借助外聘教育名家来校指导,教师个人则利用课余时间,从课堂规划的艺术性、美育渗透内容的切实性、课堂活动的趣味性等微观角度开展反思与修订,最终形成每位教师的一堂"艺味课堂"精品课。

3. 学习方式的变革

学校基于课程标准大力促进教学方式变革,同时引导学生通过"三感育人"(感染、感化、感悟)、课堂结构性变革、翻转课堂、跨学科项目化学习等混合型学习和综合性学习来促进学习方式的转变。学校将教师主导进阶为以学生为中心,鼓励学生自主探究,打破学科界限,整合各学科知识,致力于问题的解决。此过程中特色课程教师和学科教师主要职责是指导与激励,基本形成了"学习、讨论、练习、反思、再学习"的学习过程,通过丰富的体验、探究、反思、感悟,提升思维品质,初步构建起"活动—探究—践行"的课堂模式。

以语文学科为例,详见下面的实施案例。

语文"艺味课堂"实施案例

美如何融入语文课堂?这道思考题我们探索了很长一段时间。老师们各展所长:林老师的导入引人入胜,张老师的 PPT 淡雅清新,杜老师的朗诵激荡人心，杨老师的板书洒脱飘逸……

美仿若一颗一颗的星星，闪亮在罗中的语文课上。

2017年立足新课标，学校提出要构建"艺味课堂"。在"艺味课堂"探索中，我们找到了这道思考题的解题方向：语文课的美育不能止步于一个个闪亮的点，而应该融合进教学的所有内容，渗透入教学的全过程。"艺味课堂"的美不是三三两两的星星，而是和煦的暖阳，容光必照。

首先我们沉下心来上语文课，逐字逐句品读语言，细心体会阅读感受，析情感、赏形象、评思想、鉴手法，在挖掘语文课本身的审美元素中培养学生的审美鉴赏能力与审美品位。

在教学过程中，多媒体创设美的情境，小问题点燃探索热情；巧用预习，巧设环节，架起互动桥梁，激发学习兴趣；多鼓励，多展示，巧引导，鼓舞学习信心，给予学习动力；精心设计问题链，析内涵、挖价值、启思考，不仅培养美的思维，更是唤醒美的灵魂！

听！琵琶曲正从教室荡漾而来，这是《琵琶行》的课堂现场。一曲终了，同学们沉浸其中，老师抓住机会问：一千多年前的白居易，听到的琵琶曲是不是一样美妙呢？他是怎样描绘的呢？

当学生品味了诗歌优美的词句与韵律，折服于诗人高超的艺术技巧时，老师追问："江州司马"为何"青衫湿"？如何理解"同是天涯沦落人"中"同"字蕴含的情感与思想？几个问题构成一个严谨的问题链，层层推进，开启了驶向作者内心世界的品读之旅。

这堂课音乐与提问共同发力，激发学生的探索兴趣；问题链环环相扣，步步深入，启发学生去感受、去体会、去思考。

我们感受到当课堂有了"艺味"，美育就如阳光般照进语文教学全过程。此时我们提升的不仅是孩子们的审美鉴赏能力，更是孩子们思维与灵魂的力量，这将帮助他们成长为完整健康的人！

二、师与生的共情融合

育人的主阵地是课堂,学校不断深入开展"艺味课堂"的研究与实践,视其为学生美育素养提升的关键。我们对"艺味课堂"的精神内涵做了进一步的丰富,确立了"艺味课堂"的四个维度;在推进"艺味课堂"的道路上,学校从顶层明确了课堂评价的指标,从学科的角度采取主题教研和教研共同体的建设,开展微格教学集体研讨活动,从人文学科类、自然科学类、艺术类三大类学科提炼出"艺味课堂"的教学实施路径。在"三感—创造""艺术—体验""5E学习环"三类课堂模式下,罗店中学"艺味课堂"的教学模式日趋丰富,教学活动更加精彩,教学前景更加广阔,进一步落实学科核心素养和学校特色育人目标更加有效。

通过"艺味课堂"的建设,我们不断变革教与学的方式,以学生为中心,以学定教,从而达成以美启智、以美怡情、以美培元、以美化行的目标。

学校首先确立了"艺味课堂"四个维度的教学与评价指标:激起兴趣与探索欲,激发信心与力量,激活智慧与创造力,唤醒美的心灵与行动。其次制定了"艺味课堂"的教学评价表,确立了课堂评价的一级指标、二级指标以及评估要素(见表2-14)。再通过编写《罗店中学学科融合美育指引》(以下简称《指引》),以此作为"艺味课堂"的教学导向,让学生在学习科学文化知识的同时受到美的熏陶感染。在不断修订《指引》的基础上,各教研组通过组内课堂教学实践、研讨活动形成"双新"背景下符合自身学科特点的"艺味课堂"教学实施路径。

表2-14 罗店中学"艺味课堂"教学评价表

一级指标	二级指标	评估要素
课堂设计	教学目标预设 (15分)	美育目标明确、适当,符合新课标和新教材内容要求
		结合学生已有的经验和最近发展区整体预设
		将美育与学科核心素养融合,培养全面发展的人
	课堂结构规划 (15分)	教学环节安排合理,过渡自然流畅,具有美感
		课堂结构严谨有序,体现"教、学、评"一体化,充满艺术性
		因材施教,促进每一位学生的美育素养得到差异化、个性化提升

(续表)

一级指标	二级指标	评估要素
课堂呈现	教学内容选择（10分）	教学内容安排系统、科学、准确，融入美育元素
		教学内容具有艺术性，符合学生欣赏和品位的能力
		内容具有启发性，能够激发学生对科学和真理的美好追求
	教师素养展示（10分）	教师举止大方、自然、得体，给人舒适感
		板书字迹工整、简明扼要、突出重点、布局美观
		语言准确生动，教态亲切自然，富有艺术性和感染力
课堂体验	教学方法选择（15分）	充分利用现代信息技术挖掘学科美育元素
		强调"学生主体"的教学方式，引导学生深入课堂认识和体验学科之美
		重视问题驱动、学法引导，培养学生感悟美和欣赏美的能力
	教学过程呈现（20分）	情境带入感受美，激发学习兴趣
		教师讲授内容准确，语言生动活泼，学生认真倾听，积极参与，敢于提出不同意见
		学生活动丰富，深入思考，探究有效，以多种形式让学生鉴赏美
		设问类型多样，有梯度，富有层次感
		评价形式活泼多样，具有艺术性
	教学效果评价（15分）	教学效率高，学生思维活跃，达到认识美、形成正确的审美观的认知目标
		学生学得轻松愉快，获得了丰富的美感体验，达到热爱美、欣赏美、心灵美的情感目标
		问题情境及探究讨论富有价值，深化美感教学，达到追求美、创造美的意志目标

考虑到不同学科的特点，各教研组立足新课程在本学科中充分挖掘美育要素、美育资源。在不同学科教学实施路径研究的基础上，学校又把学科分成人文学科、自然科学、艺术三大类，通过教研组共同体的建设，进行同类学科之间的整合，确立了"艺味课堂"的三大实施模式。

1. 模式一："三感—创造"艺味课堂

罗店中学人文学科类教研组在"艺味课堂"探索中立足"三感"模式，紧扣"以美启智、以美怡情、以美培元、以美化行"的美育目标，引领学生有兴趣地学习,享受学习、探究过程的美,构建了"三感—创造"艺味课堂模式。

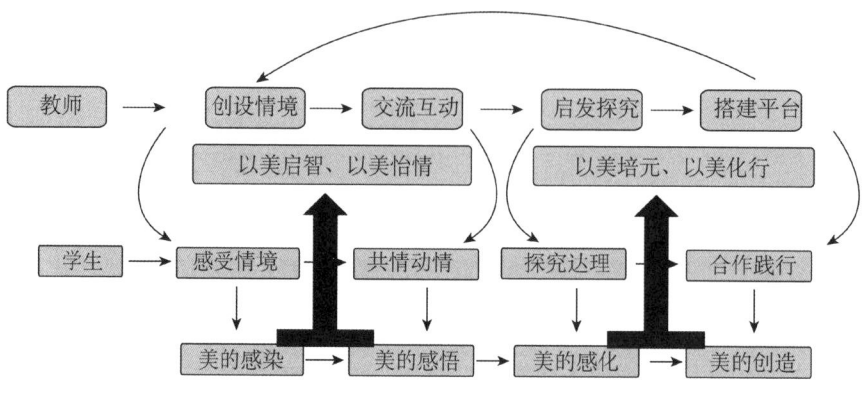

图 2-6 "三感—创造"艺味课堂模式

整个模式围绕"以美启智、以美怡情、以美培元、以美化行"这一艺味课堂目标,由教师、学生两个方面组成。

教师方面:

创设情境,在学情分析的基础上,通过板书设计、语言表达、多媒体使用等构建关联知识与生活的情境。通过情境的创设,增强课堂趣味,增添课堂艺味。

交流互动,通过师生、生生多维交流互动,实现课堂的和谐之美与沟通之美,通过情感打动、思维互动来促进艺味的落实。

启发探究,启发引导学生探究问题,在活动的过程中激发学生的信心和力量,从以美怡情到以美启智,激活学生的智慧,以实现思维之美和生成之美。

搭建平台,教师搭建平台,帮助学生合作践行,活化认知,以创造来实现价值之美、文化之美。

学生方面:

感受情境,学生在教师创设的情境中感受美,受到课堂艺味的感染。

共情动情,学生在互动交流中达成共情,交流思想,实现了以美怡情与以美启智。

探究达理,美的感染与感化激起学生学习兴趣与探索欲,在探究中促进学生感悟,引发学生反思。

合作践行,学生合作用所学知识解决问题,这一过程不仅巩固了新知,而且深化学生体验,便于修正学习反馈,促进学生反思,让学生的知情意行有机地统一起来,并互相促进。

这一模式的交流互动与启发探究两个环节中,教师建立完整有效的问题链,问题链不仅给学生提供学习支架,也是课堂艺味深化的关键。

2. 模式二:"艺术—体验"艺味课堂

艺术具有审美的教育功能,罗店中学一直注重艺术教育的发展,引领学生养成艺术特长。构建尚美人格是作为艺术教师的责任担当,在教学活动中运用探究的方式,总结其隐藏的规律,用审美的视角、审美的精神审视这一过程,构建了艺术学科类"艺术—体验"艺味课堂模式,如图2-7所示。

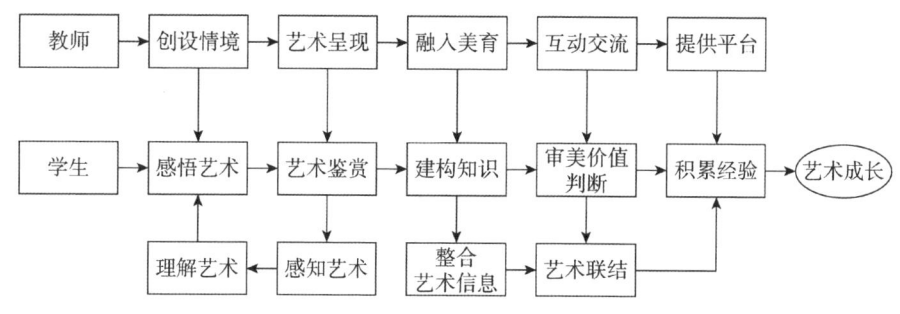

图2-7 "艺术—体验"艺味课堂模式

整个模式也由教师、学生两个方面组成。

教师方面:

第一环节为"创设情境",即创设不同文化、生活和科学的艺术审美情境。

第二环节为"艺术呈现",即以各种形式呈现艺术作品。第一、第二环节常常可以合并为一,因为创设情境的主要表现方式就是艺术呈现,从而营造艺术审美情境。

第三环节为"融入美育",即以美育为核心,把美育元素融入艺术审美之中,引导学生知情意行的有机结合。

第四环节为"互动交流",即组织学生互相交流审美感受,进一步培养学生的审美价值判断能力。

第五环节为"提供平台",即开展"互联网+艺术教育"实践,满足学生的个性化需求,奠定终身学习的基础。

学生方面：

第一环节为"感悟艺术"，即初步接触和认识艺术。

第二环节为"艺术鉴赏"，即在初步认识艺术的基础上通过鉴赏作品从而感知艺术审美，进而理解艺术，这是一个循环往复的过程。

第三环节为"建构知识"，即在不断的艺术审美情境熏陶下和美育元素有机结合，学生通过整合艺术信息建立起对于艺术门类的艺术联结。

第四环节为"审美价值判断"，即在互相交流和评价中，提高反思评价能力，强化判断性思维和审美价值判断，更好地实践艺术联结。

第五环节为"积累经验"，即学生通过艺术鉴赏、互动交流、实践探究等一系列的教学积累的经验，最终成为"全人＋审美力"的时代新人。

艺术课程具有开放性、创造性、人文性和实践性，"艺术—体验"艺味课堂模式可以为学生提供宽泛的发展和学习空间，在学习的过程中获得愉悦的审美感知，做到以美感人、以美育人。在体验的过程中以模仿美和创造美的艺术形象产生独特的领悟和认识，使学生积极地发挥想象力和创造力，提高审美意识和审美能力。

3. 模式三："5E学习环"艺味课堂

罗店中学自然科学类教研组在艺味课堂探索中立足"5E探究"模式，通过吸引（Engagement）、探究（Exploration）、解释（Explanation）、迁移（Elaboration）、评价（Evaluation）五个探究环境，在培养学科核心素养的基础上，融入"以美启智、以美怡情、以美培元、以美化行"的美育目标。通过感受科学美，亲历科学探究美，认同思辨美，追求真善美统一，构建了"5E学习环"美育渗透模式。

自然科学蕴含人文的必然性、生活审美的一致性，自然科学将知识作为审美对象，引发学生的审美感受。根据美的本质、科学美的主要形式、美育对立德树人的内在价值，结合中学理科知识内容能提供的审美元素，挖掘出科学探究是理科教学有别于其他学科的特征之一。"5E学习环"教学模式是科学教育领域的现代教育模式，其宗旨是帮助学生构建科学概念。在教学中，"5E学习环"教学模式可以用来探查学生的前科学概念，培养学生的科学思维和科学探究能力，以及帮助学生实现概念转变和构建科学概念。

在理科教育中,恰当地运用该教学模式开展教学,教学中融入渗透美育元素,有助于师生确信科学探究本身存在审美价值,树立主动发现科学美的意识。通过教师的审美再创造,引发学生的审美感受,以教师的"教之真"与学生的"认之真"达成真善美的统一,探究活动与审美活动的结合进一步助推课程理念和课程目标的落实,如图2-8所示。

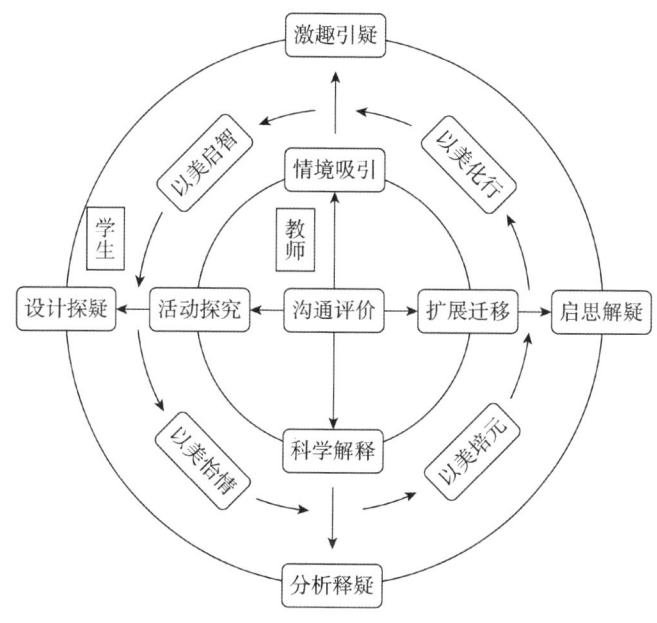

图2-8 "5E学习环"艺味课堂模式

整个模式以"5E学习环"为主线,在培养学科核心素养的基础上,融入"以美启智、以美怡情、以美培元、以美化行"的美育目标,通过教师和学生双方互动生成。

教师方面:

情境吸引,就是通过审美化的视角营造某一问题(探究)情境,吸引学生的注意力,激发其学习兴趣。

活动探究,就是学生针对特定的内容,自主或半自主地提出问题,开展有意义的探究活动。

科学解释,就是鼓励学生根据事实或证据科学地表达自己的想法,澄清概念,总结规律,解释疑惑。

扩展迁移，就是为学生提供时间和空间，让学生在新的问题情境下获取信息，参与讨论，制订解决方案或表达个人立场。

沟通评价，就是进一步创设开放性的讨论环境对学生进行综合评价，同时也鼓励学生进行自评和互评。

学生方面：

激趣引疑，就是基于图片、动画、视频等设置探究背景和探究问题，以美启智，让学生产生探究学习的欲望。

设计探疑，就是以美怡情，通过观察、设计等探究活动建立事物间的联系，在动手动脑中感受科学的探究美、科学的严谨美、科学的态度美。

分析释疑，就是探究完成后，运用归纳与概括、演绎与推理、分析与建模等科学思维形式，以美培元，用自己的语言给出科学严谨的解释，在思维运转中亲历科学的逻辑美、思维美，将科学观念融入自己的认知结构中，内化学科核心素养。

启思解疑，就是在获得新的知识后，以美化行，尝试运用这些知识解决实际生活或新情境中的新问题，展现学科核心素养，认同科学的求真美、批判美和创造美。

沟通评价，就是在进一步开放的讨论环境中自评互评，运用批判性思维和创造性思维解决问题，表达立场，感受讨论的和谐美，并进一步激发新的探究灵感。

这一模式将培养学生的科学思维和科学探究的学科素养与培养学生的美育素养相融合，使理科课堂充满"艺味"，使学生在理科教学过程中感受和领略科学的真、善、美，并累积为科学审美的品格与气质。

罗中"艺味课堂"模式随着美育特色的创建呈现转型升级，即由以教师为中心转向以学生为中心，课堂样态由原来的教师静态传授转向师生互动的课堂融合，美的元素渗透到温馨教室、情境设置、学生自主质疑、建构反思等环节。从 2018 年起探索"艺味课堂"的实践与研究，近三年里学校不断研究修订"艺味课堂"评价指标，依据学科特点，创建了以上三类学科美育课堂教学模式。通过对"艺味课堂"实施路径的探究，学校的课程在实施方面更好地聚焦于课堂的美育特色，更具操作性、高效性。2022 年度组织全体中青年教师开设并录制 112 节"艺味"课堂公开课，近 700 人次听课评课。通过美的元素融入课堂的"艺味课堂"专题研讨、教案评比、案例评比等活动，打造美育特色教学品牌亮点。

第三章

美育特色育人场建设

罗店中学地处上海北部的罗店古镇,借助得天独厚的地理位置,打造出了一个风景怡人,集传统与现代、传承与创新于一体的美育特色学校。学校美育特色"育人场"紧扣"美"与"艺"大胆规划与设计,用无限想象与刻意留白传递罗中人对美育的独特理解。

学校占地150亩,绿化覆盖面积达65%。校园花木繁茂,四季景色宜人,"紫色瀑布""粉色烂漫""金色梦想"呈现出四季更迭的自然美景,将各个教学楼连接起来的"绿色长廊"俨然成为学校的一道靓丽风景线。屋顶的绿化改造,呈现出生机盎然的景象,使得整个学校的自然景观更富整体感及和谐美。

与优美的自然环境相得益彰的是学校的文化环境,如三大主题雕塑——美的唤醒、无限、希望之星,一个艺术雕塑——乐舞,四大主题文化长廊展厅——阳刚之美、诗性之美、仁爱之美、创造之美,"枯山水"互动区,"琴棋书画"数字创造区。学校近年又对寝室、朗读亭、师生作品陈列室、线上校史馆进行升级,串成一个个罗中的故事、罗中的印记。

学校重视文化底蕴的深挖,打造了六个功能齐全的美育基地——古风新韵民俗美育基地、灵犀点通生命美育基地、周宝良音乐创新实验室、金云华美术创新实验室、金爱华书法工作室、气象物语项目学习。同时,围绕罗店中学美育特色环境的建设,加强"创新图书馆建设""整体楼面美化""最美教室""交响乐团舞台建设"的现代化配置,践行着"人人可艺术,处处皆美育"的校园建设理念。

在引进社会资源上,学校因地制宜地开发,通过走出去、请进来等多种方式打造了一套完整的社会支持系统——借助古镇资源加强属地融合,签约高校展馆贯通美育资源,牵手罗店教育集团打造集团化办学高地,拓宽家校社区合作助力师生成长。

除了硬件与资源搭建的育人场外,学校还格外重视潜移默化的精神育人场。学校紧扣抗逆力三感——归属感、乐观感、效能感,通过个体与内在、个体与个体、个体与群体、群体与群体,塑造宁静、和谐、充盈的育人场域。

第一节 升级环境品质,美的元素无处不在

一、布局雕塑,夯筑室外美育空间

"美的元素无处不在,美的气息扑面而来。"遵循着这一目标,罗店中学砥砺前行,打造新时代的美育育人场。

什么是美?什么是美育?自1942年建校起,每一代罗中人都会深刻地自问。学校对美的理解,从劳动起,从艺术扬,从大美求。八十年积淀,罗中的美育独树一帜,有着鲜明的时代特点、地域特色、理论探究、实践积淀。

美是无形的,但美又可以具象化。为了让罗中人的"美"概念化、形象化、可视化,学校建造了一系列的雕塑,从艺术的角度展现罗中人对美的理解。

1. 美的唤醒,尚美育人

学校在校门中轴线最醒目处建造了一座名为"美的唤醒"的雕塑。

图 3-1 雕塑"美的唤醒"

"美的唤醒"亲切地被罗中人叫作"风火轮"。其主体是一圈圈光轮。罗中从一个普普通通的农村学校,一路寻找自己的出路和特色,慢慢沉淀,慢慢提

炼,茁壮成长。一圈圈的光轮,是一代代罗中人共同努力的成果,过去、现在、未来,时间的轮盘不断转动,罗中人对美的追求永不停歇。光轮上延伸出古铜色的纵横线条,在阳光的照射下,光彩夺目,神采飞扬。学校的美育发展离不开罗中管乐的崛起。铜管乐队的"铜"正是罗中从普通学校踏上美育特色之路的起点和契机。雕塑顶端的 LD 标志,正是罗店中学的校徽;五线谱和律动的音符,道出了罗中人不甘普通,对高雅艺术的孜孜追求。雕塑上飘扬着三片叶子,正是学校美育的三块阵地——学科尚美、艺术尚美、活动尚美。尚美之路在时间与后浪的推动下,必展翅而起,拥抱朝阳。支撑光轮的是两根立柱,一根寓意"艺术见长",一根寓意"尚美成人"。雕塑基座上刻有铭文:

柒五春秋,筚路蓝缕。艰苦朴素,开拓进取。罗溪河畔,满园桃李。欣逢盛世,雕塑铭志。美的唤醒,励我学子。一日六问,夙夜匪懈。一问仪表,是否洁净。二问举止,是否文明。三问身心,是否康乐。四问学习,是否专注。五问情趣,是否高雅。六问疑惑,是否追问。静心求真,澄心尚美,悉心向善,成人成才。

以文化人、立德树人是党和国家领导人对新时代教育工作者的殷殷嘱托。八十年的文化传承,三十年的教育实践,使我们认定,发展艺术教育,以美育人、尚美成人是回应当前教育积弊,培养未来社会人的有效方法和途径。以文化人的重点在"化","化"是潜移默化,"化"是水滴石穿。有人说,当学生感觉到你在教育他时,教育就失去了意义。所以"化"又是化境,"好雨知时节,当春乃发生。随风潜入夜,润物细无声",就是最形象的教育化境。我们的校园文化,就应该创造这样的化境。从 2015 年以来,我们以"美的唤醒"为主题,刻意营造润物无声的校园文化,取得了良好的教育效果。

一所学校的主题雕塑,实际上是这所学校发展历史的凝练,是学校师生心灵的标识,是一种精神上的认可,是学校灵魂形象的代表产物。校园雕塑是物化了的精神载体,反映了一所学校的精神追求和价值取向。罗店中学"美的唤醒"主题文化雕塑,彰显了学校"艺术见长,尚美成人"的办学理念,通过唤醒学生心灵深处的善与美,培养独立而自信、利他而合群、阳光而优雅、智慧而灵动的全面发展的具有较强审美力的时代新人。

2. 学而无限,求真向善

主题雕塑的左前方,学校艺体中心的正前方是一片镜面水池,水池清澈见底,阳光下映出艺体馆的倒影,上面是以数学"∞"为原型创作的雕塑"无限",寓意被美唤醒后的莘莘学子,拥有无限的想象力和创造力。这里水的灵气,雕塑的精美和张力,构成了意蕴深厚的动感形象,飘飘若飞,空灵跃动,余味无穷。

图 3-2 雕塑"无限"

每一位罗中学子初入校园时,都会在"无限"前驻足,畅想美好的高中生活,畅想无限可能的未来。东西南北,任何一个视角,我们都能从"无限"中穿透,去想象真,去想象善,去想象美。在每一次的校园摄影大赛里,"无限"一定是出镜率最高的主角,是学校当之无愧的明星。在每一次数学节里,画"无限"、测量"无限"、创造自己的"无限",成了每个罗中学生的数学建模的基础课。

春华秋实,"无限"以一个卓然独立的状态静静地观望,静静地等待,祝愿着每一个罗中学子"胸藏文墨怀若谷""腹有诗书气自华"。

3. 希望之星,传承发展

在罗中的校园里,有这么一座雕塑,它见证了老罗中人的满腔爱国情,也见证了新罗中人的美美与共。这座雕塑就是"希望之星"。它曾伫立在老罗中最醒目的大道上,寓意着"承载美育,托起希望之星"。2017 年,罗店中学搬进新址,这位"希望女神"也一起走进了新的校园。它选择伫立在操场边的花园里,面向操场,寓意着"托起德智体美劳全面发展的希望之星"。

图 3-3 雕塑"希望之星"

每一位罗中学子入校时都会在"希望之星"下,聆听罗中的历史。

1942年2月,正值抗战烽火遍及中国大地时,一位满怀爱国热情的商人陈荷伯在罗店镇东南的东岳庙内创办了"旦明补习学社",即罗店中学前身。1942年夏天,学校正式定名为罗溪中学。1944年秋,"怀着教育救国的理想"的沈同文先生担任校长。沈校长极力推崇陶行知先生的教育思想,潜心研究和实践陶行知教育思想,确立"学用一致"的教育思想,努力把罗溪中学办成一所新型的农村中学。抗日爱国将领冯玉祥亲自题写校名"罗溪中学"。1965年,学校改名为"上海市罗店中学"。1987年,罗店中学被批准为宝山县(宝山区)重点中学,汪道涵同志为学校亲笔题写校名。良好的发展机遇给了罗中人前进的方向与力量。在推进素质教育的进程中,罗中重视学校特色发展,以艺术为突破口,以社团为切入口,大胆将美育融入学校教育全过程,托起全面发展的罗中希望之星。1992年,学校筹建铜管乐团,标志着罗中美育进入新纪元⋯⋯

罗中的故事娓娓道来,学史明智,知史励行。每个罗中人抬头仰望"希望之星"之时,定会铭记"不忘初心,砥砺前行"。

二、创设"四美",建设室内美育场域

主题雕塑群打造了罗中美的意境,是室外场地的高度利用,但罗中的美是致力于处处是美育的。因此学校多番研究学生行动的轨迹,决定在学生每天往返最频繁的走廊里打造美育的育人场。为了更好地建设育人场,学校向全体师生发起了方案征集,最终锁定了"诗性之美""阳刚之美""仁爱之美""创造之美"四大主题。"诗性之美"是语文学科拓展的育人场,以品读、吟诵、挥毫来呈现中华诗文化之精粹;"阳刚之美"是历史学科拓展的育人场,一个个重要的历史时刻在育人场被定格,以史为鉴、以史明志;"仁爱之美"是政治学科拓展的育人场,五四精神、共产主义,一个个革命故事铭刻在学生心上;"创造之美"是跨学科的育人场,艺术与民俗、物理与生物、数学与工程在这里交汇。长廊虽小,但五脏俱全。

1. 诗性之美,诵古今诗韵

中华文化是一种诗性文化,诗经、楚辞、汉赋、唐诗、宋词、元曲,世代传承。江南又是诗文化的发源地、繁荣地、传承基地。我们的罗店古镇"春有花神秋有画,夏有龙船冬有灯",把江南名镇之"金罗店"请进校园,古楼、小桥、流水、龙船,烟雨朦胧,诗情画意,让学生一走入这个展区触景生情就有一种创作的冲动。我们创设了一个写诗、作画、书法创作的场所,为学生提供了一个很好的活动、创造平台。这个专属展区的旁边,就是"尚美书苑",书苑里图书借阅完全自动化,兼具阅读功能、审美功能、研究功能和创造功能,培养学生的阅读能力,养成学生的阅读习惯,让学生主动从中华传统经典中汲取传统美德的养分。这一切与人文类尚美课程的经典阅读进课堂有机结合,让"腹有诗书气自华""读书破万卷,下笔如有神"成为我们学生精神生活的一部分,让我们的孩子与古今中外的大师对话,"谈笑有鸿儒,往来无白丁",精神丰富、内心阳光,充满激情和力量,使我们的学生眼界开阔、心胸广阔、视野辽阔,热爱生活、热爱生命、爱国爱家、爱美爱自然,有情趣、有活力、有想象力、有创造力。

在诗性之美的场地上,学校举办"我爱你,中国"诗歌诵读会,选手们在古韵

盎然的舞台上进行诵读。悠悠中华五千年,充满的是跌宕起伏的传奇。对于祖国的赞颂,需要华夏子孙代代传唱。罗中学子借用诗歌尽情抒发对祖国的爱,这更是一份忠诚的爱国誓言,爱国的诗歌必将化作拼搏的精神动力,推动青年学子奋力前进,共同实现伟大的中国梦!

2. 阳刚之美,扬民族气概

在高二年级教学楼三楼到二楼的垂壁,一幅万里长城巨大油画赫然垂下,像一条巨龙遒劲刚健。它穿越了2000多年的时空,汪洋恣肆、所向披靡,尽情挥洒着旺盛的生命力和活力,那所向无敌的气势、凌空而起的力量、昂扬向上的豪迈,昭示着中华民族伟大复兴的中国梦的梦圆之时为期不远。

这一巨幅长城画的对面,是一块长长的铜塑,陈独秀、李大钊、蔡元培、胡适、鲁迅……一百多年前的五四运动,一群铮铮铁骨的中华男儿,爱国、进步、科学、民主的五四精神,他们就是长城这条中华巨龙的脊梁,他们用自己的文字和行动,唤醒了中国人民。这是对巨狮的唤醒、对神龙的唤醒,使这片古老土地上的人民,重新焕发了青春和活力、激情和力量,开始了百年的强国征程。

阳刚之气的孕育渗透在罗中教育教学的点点滴滴、方方面面。中华武术打出罗中人的刚柔并济;进出场广播操跑出罗中人的整齐划一;绿茵场上、篮球筐下,挥洒罗中人永不言弃的精神;黑板前面、课桌前面,书写罗中人自强不息的气节。

万里长城万里长,绵延不绝的是一股阳刚之气、浩然正气,"天行健,君子以自强不息;地势坤,君子以厚德载物"。"少年强则中国强",强健一代少年,创造青春中国,是我们孜孜以求的教育目标。

3. 仁爱之美,述海派之荣

这个展区由两个雕塑群与一幅巨画组成。第一个雕塑群是孔子讲学图,孔子提出了"仁爱"思想。"天不生仲尼,万古如长夜",两千多年来,正是这样的"仁爱"之美使中华文明生生不息,成为世界上唯一没有中断的文明。今天这种"仁爱"之光不仅推动中华民族走向伟大复兴,而且完全有可能是人类向人工智能时代跨越、自我超越的原动力之一。

仁爱之光留驻上海，出现了第二个雕塑群。第二次世界大战的烽烟中，上海人民在自己灾难深重的情况下，以宽仁大爱，收留、照顾、帮助犹太人，使上海成为仁爱之城、东方明珠。再具体到罗店，淞沪会战中，苏克己等四位红十字队员，为救一名飞行员，徒手与野兽般凶残的日军搏斗，壮烈牺牲。这感人的故事，就发生在罗店中学的老校园里，这是惊天地、泣鬼神的宽仁大爱。

而对面的巨幅画卷上，从人猿相揖别到丝绸之路的驼铃，到嘉峪关的"大漠孤烟直，长河落日圆"，再到吉隆坡石油双塔、巴黎埃菲尔铁塔、上海东方明珠塔……远处空中闪烁着几颗星，那是"仁爱之星"，人类将在它的星光指引下，实现文明的自我超越，走向新的文明高峰。

学生震撼之余，要化为具体的行动。2018年12月20日，寒风凛冽、阴雨绵绵，赵家锐、钱晨两位同学，扶起了一位失忆老人，帮助她找到了家人。这一行为回答了近年来网络和社会上广为争议的扶与不扶的问题，扶起了一个道德高地，扶出了两个美德少年。上海电视台新闻坊及时报道了这件事，在社会上产生了良好的影响。如今，罗中的美德少年评选活动已经制度化，涌现了很多美德少年。我们的学生到社区做志愿者、到医院做志愿者，尊师爱生、尊老爱幼，蔚然成风。

真正的和谐，是校园之内人际关系的和谐；真正的仁爱，是让仁爱之春风回荡在校园，温暖师生的心灵。为此，学校提出了文化建设的"三园"目标，即尚美校园、书画校园和师生共同幸福生活的精神家园。教师互敬互爱，教师爱学生、学生爱教师，同学间互帮互助，"沟通从心开始"，师生间的心灵通了，真正的教育也就开始了。让从罗中走出的学子，都有一颗仁爱之心，都成为现代谦谦君子，眼界决定境界，格局决定结局，我们的期望是我们的学生能有大境界、大格局，拥有快乐人生、幸福人生。

4. 创造之美，赓续文明

人类的创造力如日月星辰般永不停歇。进入创造之美的展区，一个大大的日晷映入眼帘，日晷上记录着美的历程的刻度。日晷表盘上的内容分别印刻"商—周—春秋战国—秦—汉—唐—宋—罗店古镇（现代）"的时间刻度，分别对应青铜之美、礼乐之美、思辨之美、雄壮之美、雄浑之美、和谐之美、开拓之美、美的辐射，将日晷从古老的计时工具变为学生了解历史的媒介。教育的未来又是如何，在日晷的指针处留下了空白的空间，引发无限的想象。

白天时，圆窗自然光照耀进来，区域有圆形亮光，象征着日；黑夜时，圆窗旁边的月牙灯发亮，象征着月。吊顶上闪烁的星星，与日晷相得益彰，寓意天和、地和、人和，象征中国劳动人民从古至今不断创新、开拓进取，最终取得辉煌成就。

日晷旁边的巨幅画面上，从庄周梦蝶、毕昇活字印刷术，到现代薛定鄂的猫，迷蒙、空远、辽阔，上有星空（模拟），右有朝阳，左有明月，寓意是创造使人类跨越了时空，创造了更加美好的今天，激励学生发挥自己的想象，去创造更加美好的明天。

在日晷的对面，是一座"须弥山"，整座山采用长木条做装饰，隔而不断，使展厅通透，现代感十足。展厅中心顶部的开口传达奋进、创造的生活观，众多乐器演奏座椅如众星拱月围绕指挥台，体现包容不排斥的学习、吸纳精神；弧形回音壁使声波反弹，让演奏效果更佳，类似古罗马竞技场和天坛回音壁；展厅两侧悬挂学校和学生荣誉。

从这个场地向前走就是罗中的气象创新实验室，那里有欣赏厅、研究厅、创造厅，那里有VR带给我们的宇宙太空、太阳系、大气环流，以身临其境的感受激发学生的创造激情。气象创新实验室集天文、地理、物理、化学、生物、历史于一体，是进行项目学习、项目研究、创新创造的绝佳平台。孩子们在里面可以驰骋自己的想象力和创造力，"海阔凭鱼跃，天高任鸟飞"。从这里走出去的学生已经荣获了多届上海市青少年创新大赛一等奖、金钥匙创新大赛一等奖、DI国际创新大赛一等奖、国际未来问题大赛一等奖等创新大奖。我们的目标是通过这些设施加上合适的引导，让创新成为学生人格的一部分。

三、导航课程,创新两类美育基地

在学科拓展的基础上,学校致力于特色发展。在原有管乐一枝独秀的基础上,学校丰富了艺术的内涵,将民俗、美术、数字媒体、戏剧等都纳入了罗中艺术教育的范畴,还独具匠心地开发了多元艺术课程。该课程为选修课,每周一节。为了更好地实施多元艺术课,学校从 2016 年起,开始升级打造各个基地,取得了卓越的成绩。随着多元艺术课的发展,学校美育的渠道也在不断创新,从课内走向课外,从教室走向校园,从学校走向社区,从学涯走向生涯。

1. 生态美育赞自然

罗店中学是上海市花园单位,整个校园绿化覆盖率达 80%,是百草园、百花园、百树园、百鸟园。校园内生态好,喜鹊窝就有 20 多个,"两个黄鹂鸣翠柳,一行白鹭上青天"是校园常见之景。我们的学生置身其中,人与自然和谐相处,本身就是美的陶冶和净化。我们在这样的基础上以自然美激发学生的美感体验,提高学生的审美素养,收到事半功倍的效果。

(1) 紫色瀑布

走进罗店中学校园,从行政楼到实验楼、图书馆有一条长达 100 多米的走廊,这条连廊右侧搭建了长达百米的紫藤架,架上爬满紫藤。阳春四月,紫藤花开,一条紫色的瀑布倾泻而下,给人以强烈的视觉冲击和震撼,这是美的震撼。这样壮美的景观一定会在罗中的学子心中埋下一颗颗美的种子,这些种子一旦有了合适的阳光、养分、风雨、时机,就会破土、发芽、开花。美的元素如果不及时开发,就会在孩子心中枯萎,所以要适时在学生的心田里播下美的种子。朱光潜先生更是明确地说,美的培养要在少年时,成人世界事务太多、世俗太多,我们就是要在孩子们青春的花蕊怒放之时进行美的启迪和唤醒。

(2) 樱花巨环

学校中轴线两侧,分布着八个巨大的花坛,它们犹如八个巨大的花瓣。我们在每个花坛中分别种了三株日本早樱,仲春四月,春意盎然,粉红色的早樱共同构成一个巨大的花环。它们像粉色的云、红色的雾,象征着罗中学子火一样的热情、粉红色的青春梦想,象征着罗店中学激荡的激情和力量,生机勃勃、欣欣向荣。

(3) 金色梦想

在校园的北侧小河边,有一条长达 200 多米的景观带,在区水利局大力支持下,我们将其美化成如梦如幻的多彩景观带。春来一条长达 200 米、宽达 10 米的水杉林碧绿临风,水杉林下翠绿的草坪像一条长长的地毯,在春风的轻拂下信手拂去,那满眼的绿不知迷醉了多少年轻的心灵。四月,右侧围墙上开满蔷薇花,绵延 200 米,这粉红色的长墙随着春风跃动,像一团团燃烧着的火,美不胜收。五月,左侧路边一条长达 200 米的绣球花带,活泼率性、丰满艳丽,犹如八仙下凡,宛若仙境。

苏霍姆林斯基说:"美的第一源泉是大自然,大自然美妙绝伦,这种美能征服一切。"走进自然从走进校园的自然美开始,为了让孩子们在校园里经历审美直观—情感体验—反思判断的美感养成历程,2015 年以来,我们每年都进行以"醉美校园"为主题的摄影比赛、征文比赛,孩子们在感染、感受、感动、感悟中,丰满了美,丰富了心灵,爱美之情油然而生。

李子涵同学在《校园丝瓜》中说"它不争不斗,默默生长,却在一个不经意的早晨,开出它最美的花来",平凡中不失斗志。徐嘉倩同学的《栀子花》生动感人:"栀子的花语是喜悦……每当看到这清纯洁白的颜色,闻到了醉人的香气,我们还有什么理由不高兴呢?……小小的花朵似乎在问那些垂头丧气的同学为什么不高兴,为什么不向别人传达喜讯,为什么不和我一样当个喜讯的传达者呢……"字里行间洋溢着只有青春才有的喜悦,那种在梦中笑醒了的喜悦。

李梦佳同学笔下的《绣球花》同样精彩:"当夏天的炙热步步逼近时,也正是白绣球花绽放时。花儿们雪白雪白、茂盛蓬勃,如雪花压树,像一树流动的云。此时的它正如一位裙裾飘飘的白衣少女,俏立河畔、顾盼生辉。……在民间,绣球花象征着团结和希望,希望我的同学们能像绣球花一样,簇拥成美丽的大花园,互帮互助,在困难面前团结一致,带着各自的希望,共奔花团锦簇的人生。"

世界上并不缺少美,而是缺少发现美的眼睛。应试教育使孩子们逐渐丧失了对美的敏感,教育的任务就是不能让孩子们心中美的情愫枯死,而是创造条件,及时唤醒它。一张张栩栩如生的照片,一篇篇精美别致的文章,呈现给我们的是美的唤醒,有了这样的美的感受力、生活感知力,今后孩子们无论走到哪里,都是一束光,都会带给自己和他人快乐与希望。

2. 古风新韵聚民俗

"春有花神秋有画,夏有龙船冬有灯。"花神、民俗画、龙船、彩灯是罗店民俗文化的符号。一湾罗溪水,养育了世代罗溪人,创造、传承、开拓的罗溪精神激励了一代又一代罗溪人砥砺前行。罗店中学作为罗店古镇的品牌学校,传承民俗、开拓民俗是罗中人的使命。2000年,罗中人树起"古风新韵"的品牌,开始孜孜不倦地探索。

项目初期,学校从各种传统节日出发,让学生在学校过节,深品传统节日的文化内涵。2006年起,随着非遗项目进校园,学校以彩灯项目为试点,从体验活动升级为探究活动。2015年,学校花灯实验室建成,花灯项目进入研究性学习阶段。花灯项目的成功,给罗中带来了莫大的信心。2018年,学校以罗店民俗"花神、民俗画、龙船、彩灯"为核心,辐射书法、古诗文、篆刻等民俗项目,打造"古风新韵民俗美育基地"。

行政楼一楼古风新韵民俗美育基地侧重情感体验及意义教育,强调学生的审美感受,通过做、访、研、展等多种形式,帮助学生了解传统民俗文化知识,体验多种民俗文化形式,感受文化魅力,陶冶道德情操,培养审美能力,以期传承文化精髓,将地域特色文化发扬光大。

(1) 花神工作坊

罗店之崛起离不开一个重要的产业——棉纺织业。罗店人的心目中有一个独一无二的"万花之宰",那就是棉花。过去,每年农历二月十二日花神诞辰日,罗店镇花业同人会聚花神堂,祭拜花神,以保棉花丰收。虽然花神祭拜已经成为一种文化展示活动,但这一段花神历史却是罗店乡土教育中的瑰宝。紧扣"古风新韵"主题,花神工作坊开展了诸多活动:品读罗店历史,了解花神渊源,知道历史、政治、地理对文化的作用;开展花神的系列研究,如罗店棉花种植的地理条件研究、罗店棉纺织业的兴衰、罗店花神祭祀文化研究、罗店气候与花神文化的关系等；开展与花神文化有关的制作体验，如罗泾十字挑花、香囊制作等。

（2）民俗版画工作坊

罗店民俗版画是发自民族传承的生活文化，是广大民众生活的写照——追求幸福美好生活的祈望，满足认知及审美的欲望。民俗版画充分表现出中国民间的风尚、习惯、信仰以及民俗事物，这也是民俗版画迄今仍然对广大民众产生吸引力与魅力的重要因素。

罗店民俗版画于 20 世纪 60 年代由罗店本地老艺术家沈金华先生开发创设，罗店中学传承发展至今。其创作素材大多来源于罗店本土民间风俗、民间器物、民间画、剪纸、刺绣等，在造型上吸取它们的特点，因此造型夸张、变形，具有装饰性，体现民间特色，使画面产生和谐之美。罗店中学罗店民俗版画的创新教学中使学生在掌握艺术知识和技能的同时，构建符合学生心理特点的综合艺术创新课程，通过建立符合现代信息技术发展的、开放型学习状态的罗店民俗版画创新实验室，努力激发学生的创造力，发挥艺术学科的创造性，以此促进校园文化建设，提高学生的艺术素养，促进学生的全面发展。罗店民俗版画教育注重学生的创新意识与实践能力的培养，主张艺术来源于生活，鼓励学生在生活中学习、在实践中锻炼、在创作中成长，将创作实践融入基础教学之中，并注重"传统与创新兼顾，艺术与实践并重"的特色。

民俗版画室为师生打造专用的学习、交流空间，帮助师生了解罗店民俗画，体验罗店民俗画和民俗版画。开展罗店民俗版画的课题研究，能够帮助学生了解、体验、学习、分析地域特色文化，并学会制作民俗版画，将特色文化代代传承下去。

版画活动体验室以罗店传统文化为主题，可以在此开展独具特色的交流体验活动，如赏析优秀的版画作品、版画大师进校园等，帮助师生深入学习、了解、研究地域民俗文化，让民俗文化在课堂上更有效地传递给学生，让学生学习到文化的精髓。

(3) 龙船工作坊

罗店地区的龙船文化可以追溯到明洪武年间，初始阶段它仅以冬闲或庙会、集市上乡民的"旱船"和"台阁"的形式出现，到了明代中期，罗店已享有"金罗店"的美誉，尤其在明天启年间，镇上建花业公所"花神堂"，既祭花神又供棉花同行聚会，并可食宿宴饮，民间龙船活动也因此有了新的生机。罗店拥有自建且数目可观的水上龙船是在清康熙至道光年间，每一条船代表的不仅是财富，更是背后的拥趸。罗店龙船与普通龙船的区别在于，罗店龙船的龙头都是朝上，它的船身装饰精美，饰物特别多，船体很宽，适合在原地打转。因为船身宽，船上还有精彩纷呈的表演。

龙船工作坊展厅展示了龙船模型和木样，并提供了相应的工具，帮助学生了解罗店龙船历史，赏析罗店龙船与其他龙船的异同，体验简单的木工制作，让学生在欣赏、交流、动手制作的过程中，了解地方民俗和文化魅力，锻炼自己的动手实践能力。

龙船活动体验室提供了台刨、压刨、台锯、带锯、车床等专用的木工设备，结合教师的讲解，学生可以亲自设计图纸并动手制作木工作品，并展示优秀作品，能够通过实践课程锻炼学生的逻辑思维能力、设计能力和动手实践能力。

(4) 罗店彩灯工作坊

"明，王纶，字子音，居罗店，能文，尝以纸凿灯为人物花鸟诸形，工细独绝。"这段在清代《宝山县志》和《罗溪镇志》中皆有的文字，表明罗店彩灯在明代已达到"工细独绝"的程度。彩灯初始形态是民间的扎纸艺术，这种手工艺发展到高级形态就演化成了彩灯。罗店彩灯常被做成动物、植物、人物的形状，不仅来源于罗店的日常生活，也来源于想象和历史文化故事。一盏彩灯，一个故事；一场庙会，一段文化。罗店中学的彩灯工作坊，从彩灯的历史渊源开始，了解和体验不同的彩灯制作过程，细品彩灯的装饰文化，深探彩灯的结构与电路原理，探索如何从小型灯走向大型展示装置。

第二节 聚合各方资源,美的力量八方来助

一、融合属地资源,助力生涯感知

罗店中学的民俗美育兼生涯教育以"古镇"为关键词,围绕文化认同、文化传承、全球视野层层递进地展开。罗店中学的生涯教育目标是植根罗店古镇文化,以"古风新韵"为主题,项目化引导学生在做、访、研、展的过程中,培养学生古镇人的归属感、古镇主人翁的效能感、古镇有未来的乐观感,总体提升学生的生涯品质。学校经过多年的实践尝试,积累了丰富的经验,形成了成熟的工作网络,从组织管理、校园建设、课程实施、多元展示平台等落实美育工作,对师生生涯品质、美育素养有显著的作用。

1. 生涯故事知罗店

每年暑假,学校启动"寻觅创造美"主题生涯访谈,学生尝试做一名小记者,访谈一位或多位罗中历届校友,了解他们的求学经历,倾听当年发生在罗中校园的"如何创造美"的小故事。两代罗中人在探讨"美在于创造"的过程中引发共鸣,寻找成长道路上"美"给予人生的特殊力量。学生访谈的创造之美分为五大类——技艺类、科创类、戏剧类、艺体类、生活类,访谈对象有教师资源、校友资源、长辈资源。活动旨在让学生通过访谈的方式,了解学校的历史及文化底蕴,建立自身的校友资源,以创造之美为话题了解学长学姐在罗中的校园生活、现在的工作生活,学校的创造之美的学习经历对其生涯的帮助,再反思自己,规划自己与"创造之美"有关的罗中生涯。

2. 做雕写刻体民俗

学校的民俗课程与古风新韵民俗美育基地关联,学生通过做一做深度体验罗店民俗。民俗课程由校内外导师联合授课,学生通过大艺术课和社团课两种形式选修。课程一般分为三个阶段:探索体验阶段、实践研究阶段、交流展示阶

段。课程实施上,遵循以兴趣为起点,丰富知识技能,培养规则意识,发现研究课题;以平台为依托,加强科学指导,提高关键技能,实施课题研究;以目标为导向,加强校内外衔接,结合地域文化,培养责任意识。

每一位罗中学子入学前,都会收到一本《罗店中学新生入学指南》。这本指南里,学生会看到罗店中学的大艺术课程的简介。每个学生都必须体验一门大艺术课程。在大艺术课程的类别里,就有一类课程——民俗课程。罗中民俗课程包含罗店版画、罗店彩灯、竹编、篆刻、书法、汉服制作、木工。除大艺术课程外,罗中还开设了社团课以丰富学生的民俗体验,与民俗相关的社团有篆刻、版画、书法、木工、龙船、十字挑花、布艺、彩灯、竹编、古诗文等。

基于普通高中的任务要求,罗中的民俗课程不仅是体验,更是一种研究。学校根据校情、学情制定了评价标准,以评估每一名学生的学习效果。

每年校文化艺术节上,未来古镇建模项目深受学生喜爱。学生通过讨论设计,建模制作,创建未来古镇。每年这个时候,都可以看到学生们脑洞大开的表现。无论是世界树概念、太极村的想法,还是寺庙文化的包装,都让我们看到学生们对古镇未来的关心及深度思考。在建模时,学生不仅要考虑地势、地质等地理问题,也要考虑能源问题,更要思考经济问题及美学问题。这绝对是学科融合成果的重要检验。

每年12月,学校在高一年级招募"古风新韵"课题研究小组成员。他们先后对罗店桥文化、罗店花灯传承、罗店电子地图、罗店古镇职业、罗店民俗、古镇手绘地图等主题进行深入研究,部分项目成果在创新大赛中收获丰富的成果。

民俗体验的学习成果除了研究性报告外,也呈现了多样化的展示。一部分参与古风新韵课题项目的学生用戏剧的形式来呈现研究结果。如古镇生涯剧《学否学否》在艺体中心大舞台演出,故事发生在罗店初建镇之际,古镇年轻人对自己的未来充满困惑,究竟是学习还是创业成为他们思考的问题。借由戏剧的形式,演员们留给大家一个开放性的结局,引得大家对学习的意义有一个深度的思考。又如学校将《血色丰碑》校本化,让学生成为剧中的人物,更近距离地体验古镇人角色。

3. 古镇访谈促研究

上海市内及周边散落着大大小小的特色古镇，民俗民风各异，老街特色鲜明，不少本地居民依靠各色手艺创业致富。"古镇职业探觅"旨在让零工作经验、零社会阅历的高中生来一场间接却又高效的职业体验。

每年寒假，学生组成职业探访小队及文献研究小组，来一场零距离的职业体验。探访前，学校举行专门的预备会议，对学生进行了深入浅出的指导，包括规划交通线路、大胆和陌生人说话、锁定访谈对象、确立访谈提纲、撰写访谈报告等。

探访小组深入上海市内各大古镇，罗店、刘行、七宝、朱家角、南翔等地都留下了罗中学子的足迹。船夫、小笼包技师、汤圆面点师、首饰店销售员、咖啡店店主、卖唱艺人、羊肉店老板、蛋糕店老板、乡村医生等成为学生访谈的对象。

在每年五月份职业报告分享会上，学生们不仅汇报了职业访谈内容，也阐述了自己的所思所悟。有的比较日本匠人文化与中国匠人文化之间的差异，有的思考中国传统文化的传承与发展，有的分享"出门在外，一路有你"的团队协作精神，有的感悟辛劳背后如何平衡职业与家庭的不易，有的感叹一技之长意义非凡。

4. 罗溪庙会展风华

每年第二学期开学，学校艺体中心会开展别开生面的生涯体验活动——罗溪庙会。庙会形象生动地复制了古镇庙会的情境，活灵活现地展示了"看、玩、吃"三大类特色体验项目。罗溪庙会以班级为单位，由学生自己设计、制作、零售，集思广益之下，一个个特色鲜明的小铺应运而生，纸扇、油纸伞、花灯、面具、民族发饰等一个个古风韵味浓郁的商品引得学生纷纷驻足。

整个庙会活动中，学生既是体验者，也是参与者，参与设计展台、布置会场、现场调度、现场采访等。学生纷纷表示，这个活动让他们意犹未尽，原来古镇可以这么有趣，文化传承的使命感在心中萌发。

☆志愿者感言

罗溪庙会，古风新韵，不仅让合作之花开满同学们的心田，也让更多同学了解了折扇、书法、花伞和龙船文化。从一首诗、一阕词,汲取文化养分、人生智慧、美好品格,这样彼此相助,一缕阳光也将照亮心扉,一点火光也能照耀文化传承的道路,中华优秀传统文化将成为更多人的指路明灯。"记忆的坐标有多么清晰,前进的脚步就有多么坚定",在有限的时间里,创造无尽的价值与意义,罗溪庙会是我青春奉献与奋斗的第一个脚印!

——李家欣

作为一名问询处的志愿者,分发票券、介绍活动、解决问题,可以说是任务繁重。在活动的过程中,有那么一瞬间我是有些想放弃的,一个个人不断蜂拥而上,每个人都带着不同的问题,仿佛几百张嘴在我耳边不停地"叽叽喳喳"。另一位志愿者看出了我的无奈,上前帮我管理住了秩序。在两个人的合作下,最后我们顺利地完成了问询处的工作。本次活动十分有意义,既结识了许多新朋友,又提高了自己的组织能力。我深刻体会到了罗店中学"艺术见长,尚美成人"的教学理念,希望能有更多机会参与此类活动。

——俞安淇

我们武术坊的礼品与其他摊位不同,有手工搭建的小型模型,更有互动学习的环节。起初,生意较为冷清,但随着大家从内场出来后,我们便全员开动,表演了咏春拳、卢氏心意拳、醉拳,我们开始了一对一的辅导。一拳一掌,一招一式,体现了传统武术正气十足,而传统礼仪也能展现出武术独特的魅力。在互动时,我认识了几位学习空手道、泰拳、跆拳道的同学,经过一番争论,将各拳法取长补短,有了巨大收获。同时互动时所收的"费用"较低,来的人也就多,既保证了摊位的收益,又保证了思想知识上的收获,一举两得。此次庙会,不仅使我们体会到了"挣钱"的不易,更使我们了解了中华传统文化,同时增长了我们自身的文化内涵,进一步增强了大家对中华传统文化的重视与兴趣。

——谢胜涛

当太阳西斜的第一缕微光透过百叶窗静谧地洒在体育馆的地面上时,我们的罗溪庙会便开始了。艺体中心人流涌动,好像一片海,我就像大海中的一叶扁舟,流动在各个摊位。我能听到展馆里忘情游戏的欢笑,能看到为了吸引顾客而各显神通的志愿者们,也能感受到参会者因获得自己心仪的礼品而流露出情不自禁的喜悦。而我,永远也忘不了参加庙会的每位同学眼中那一片满天星辰。

——倪英舜

一开始,我们旁边的摊位生意十分火爆,让没有几个顾客光顾的我们十分羡慕。为了吸引到顾客,我们改变了策略,降低了价格,鼓起勇气向顾客们推荐我们的商品,并且拜托那些买完面具的顾客为我们多加宣传。不久,越来越多的顾客来到我们的摊位前,看看这个,挑挑那个,其中不仅有初高中的学生,还有慕名前来的老师们。我们班的同学都积极地前来帮助我们,一起卖面具,一同为班级的荣誉奋斗。在同学们的行为中,我看见了属于高一(6)班的班级凝聚力。

——罗心妤

我主要负责内场的丢沙包游戏,所有的同学都能够有序地排队,并且遵守游戏规则,让作为志愿者的我十分欣喜。尽管我们一刻都未停歇,但内场高涨的活动气氛,也让我们乐在其中。外场是传统手工制品的摊位,也有身着汉服的同学给庙会增添了不同的色彩。会后,除了志愿者之外,也有不少同学留下来整理会场。我想罗中对"美"的教育不仅在课本和课堂上,也将"美"植根于每一个罗中学子的心中,并用行动在践行美、感悟美。

——陈蓓萱

这次活动仿佛时光倒流,就像真的置身在庙会之中。我和要好的朋友组成10人小队,把所有的赚券项目玩了个遍,还意犹未尽。我们特别喜欢翻转人生和套圈,尤其在套圈上我们赚到了很多券。我们拿着券兑换了很多礼品,满载而归。

——袁帅

此次活动很好地调动了我们的情绪,人声鼎沸中,欢悦的气氛很快弥漫在人群之中。庙会活动不仅放松了我们的心情,还让我们更贴近地了解了罗店镇的风土文化。各种团体活动真真切切地增进了新同学之间的友谊。

——严欣蕾

二、深度探寻展馆,培育艺美情怀

走出校园,走进社会,是新时代教育的新要求,美育也不例外。罗中的周边拥有丰富的美育资源,去发现、去开发、去整合,是拓宽美育育人场的重要尝试。学校紧紧围绕自身的品牌特色,深度挖掘宝山本土资源,牵手高校资源,盘活家长校友资源,在校外为学生建起更广袤的育人场。

1. 以爱国主义教育基地育民族情怀

每年的清明节,我们都会带领学生到罗店镇红十字纪念碑前举行庄严的祭扫活动,用苏克己等四位烈士的事迹教育学生。学生代表的发言掷地有声:"历史告诉我们,每个人的前途命运都与国家和民族的前途命运紧密相连,实现中华民族的伟大复兴需要每代中国人共同努力。我们要学习英烈,牢记使命、敢于担当,无愧于青春,无愧于祖国。"

每年的高三成人仪式,我们都要去上海龙华烈士陵园——罗亦农、彭湃、陈延年等革命烈士就义于此。面对"碧血丹心为人民"的英烈们举行成人礼,崇敬之情在十八岁的青年心中油然而生,震撼、感动、触动,一种崇高的美感于庄重的仪式中在孩子们的心中定格。这个瞬间,会有多颗种子落在学生的心田,在未来的某个时刻,开花结果。

上海淞沪抗战纪念馆,也是学生每年必去的。罗店战役的惨烈,八百壮士的慷慨,姚子青的视死如归等,每一幕都会在学生心中留下不可磨灭的印记。庄严的仪式,感人的情境,是最好的仪式美感教育。

我们为了缅怀而纪念,让学生永远铭记先烈们可歌可泣的英雄事迹;我们为了传承而纪念,让英烈们的精神成为民族复兴的动力源泉;我们为了开拓未来而纪念,激励学生为振兴中华而刻苦学习,勇于创造。在一次次仪式美感的教育中,崇高的美感会化为理想、化为信念、化为责任、化为激情,化育出新时代的优秀青年。

☆参与者感言

  这一次的红色之旅虽然只有短暂的一天时间,但是带给我的感受超过了数十堂政治课所能带给我的生动形象的民族印记。这些民族英雄,他们是中华民族的脊梁,也是我们国家前行时不竭的动力。我们不忘初心,方得始终。

——金筱蓓

  此次红色之旅,我领略到了革命先烈的伟大与当今生活的来之不易。我将所汲取到的精神运用到今后的工作和学习当中,以实际行动继承先烈遗志,努力工作,不断创新,不断地鞭策自己要勤于思考,勤于学习,取得进步。

——杨蕴豪

  这一次的红色之旅加深了我们对党史的认识,让我们体会到革命胜利来之不易。我们今天的幸福生活都是伟大的先辈们用他们的汗与血换来的,我们不应辜负他们的努力,要以更高昂的热情投入学习与工作中去。

——徐佳妮

  这一次的红色之旅使我对革命先辈为共产主义事业抛头颅洒热血的事迹有了更进一步的深刻认识,更加体会到"没有共产党就没有新中国"的深刻含义。他们创造了今天幸福的生活,我们要将这份不屈的精神传承下去。

——谭睿

2. 以民俗美育展馆品艺术情怀

  每年,学校都会组织学生前往顾村公园边的上海民俗艺术博物馆参观学习。十里红装、戏曲解读、满汉全席,三个中国厅展区深度呈现了中国民俗文化之绚丽。尤其是关于宝山民俗文化的深度解读,如罗店彩灯、罗店龙船,用高科技的互动方式让学生意识到民俗是可以现代化、国际化的。亚洲、非洲、中东、拉美、欧美五个展厅也让学生感受到不同地区、国家的民俗文化,想到了地球村各种文化的融合,增进了文化理解与全球视野。

  每年,学校也会组织学生前往罗店社区文化宫参观学习。罗店彩灯的制作步骤与工艺,罗店龙船的制作步骤与工艺,小小的民间工作坊里暗藏劳动人民的智慧结晶。学生近距离参观体验,直观地感受到高手在民间,民族的也是世界的。

学校还组织师生参观共建单位吴昌硕纪念馆。这座闹中取静的展馆有着和罗店的不解之缘。吴昌硕先生曾经在罗店生活过一段时间,在这段时间里也是激发吴先生创作灵感的重要时期。师生们走进展馆,在一幅幅画作前逗留,听故事、学技法、品内涵,对古镇文化、中国艺术有了深度的共振,对罗店的归属感油然而生。

三、高校同侪合作,联动共创未来

学校自2007年成为上海师大附属学校后,上海师大高层领导经常来校走访指导,基础教育处负责人定期推荐优质师资入校,教授们来校开设讲座、指导师生课题、参与学科或跨学科研讨等,学校的智库供给得以丰富。学校后续与上海大学美术学院、上海音乐学院、吴昌硕纪念馆、陶行知纪念馆等有深度联结,在技术供给、资源供给、方法供给、思想供给等方面获益良多。2021年6月学校成为上海美学学会理事单位,美学学会近三百名会员大部分都是上海高校和社科研究机构的教授,为罗店中学提供了潜在的巨大的科学文化资源平台。近期学校聘请了包括复旦大学中文系段怀清教授在内的一批沪上知名教授共12名,为学校的高端发展、品牌发展奠基。通过与高校、场馆建立共建共享机制,借助高校及社会高端资源,拓宽了辖区外的暑期学生社会实践资源网。这些资源对指导学校开展美育特色创建、丰富学校美育的内涵、提升学校美育的品质具有深远意义。

学校与苏州六中、杭州新登中学、厦门双十中学、广州铁一中学结成友好学校,交流艺术教育;与武汉淘师湾网络教育科技股份有限公司(淘师湾教师研修网)合作,建立"培训实践基地合作校";与上海本钢济福金属制品加工有限公司成为共建单位,公司为我们学校在德智体美劳方面表现优异的学生提供奖学金;与中冶(上海)钢结构科技有限公司共建,该公司成为学生生涯体验基地,开放钢结构应力研究实验室,指导学生撰写研究性学习报告。另外,1990届校友唐仲慧律师专门为母校设立"思静奖学金",他希望每一位尚处于高中阶段的罗中学子立志立诚,知行合一,勤奋学习。

学校通过纵向联动,建立家校社协同育人机制。特别是在"双新、双减、双选"的背景下,学校必须引导好家长理解国家政策,为孩子创设更加优化的学校、社会、家庭三位一体的新时代教育氛围。15期家长学校有计划、呈序列,聚焦习惯养成、独立自主、悦纳自我、人际互助四个维度,家长率先垂范,增进孩子情感内化,带动孩子行为外显。起点年级重"家长如何说",过渡年级重"家长如何做",毕业年级重"家长如何放手",指导家长养成好习惯,如凡事先沟通、诚实守信、乐观积极、赞扬孩子、宽严有度、言教身教心教结合。同时,学校家长委员会参与了学校特色建设的多个环节,如食堂管理、校服选购等,学校的家长开放日、线上开放日,构建起家校的共建桥梁,共创学生的美好未来。

第三节　营造精神家园,美的气息扑面而来

一、内外宁静参悟,修养平和心态

在进入校门的西侧,有一块大石,罗中人都叫它"羊回头"。在"羊回头"上,清晰可见四个大字,即罗中校训"宁静致远"。"淡泊以明志,宁静以致远。"历任校长都鼓励罗中学子在宁静中追求幸福,在宁静中创造未来,让宁静、专注占领内心世界,持续拼搏,走向全人。在物理环境营造上,枯山水的独特意境与身临其境的参与感突显而出。而在宁静致远的内环境体验上,学校以"内观"活动为媒介,让学生觉察自身,体悟深层的自我与他人的联结。

1. 枯山水,宁静致远

在行政楼和实验楼之间一片开阔的地带,我们创设了以小见大、以有限见无限的枯山水景观,营造了一个梦幻般的仙境。一石便是一山,一山便是仙山;一片绿地便是一岛,一岛一神奇;一树便是一世界,一世界便是一种悠远的时

空。山、岛、树漂浮在一片白色的海洋里（小白砾石连成的汪洋），这山、这岛、这树又好像画在一块巨大的画布上，宛若海市蜃楼、人间仙境，让人想象无限，余味隽永。

更让人惊喜的是，这不仅是一个美的欣赏地，而且是一个美的创意地。由白色细砾石组成的"海洋"或者巨大"画布"，可以变换出各种造型。高考百日誓师，造型为"乘风破浪，扬帆远航"；"五四"青年节，造型为"百年奋斗，强国梦圆"；高考前夕，造型为"旗开得胜，圆圆满满"。每一周由一个班级思考、设计、创意、实施，每个月评出一个最佳创意班级，孩子们兴致盎然、乐此不疲，一个个美妙的创意发挥了想象力，涵养了创造力。

身处枯山水中，眼中虽是一片枯景，心中却是枯荣转化，暗藏生机。在白沙上冥想、静观、内省，在白沙上铺平、圈画、堆砌，别有一番美的韵味与深意。

2. 一日三省，内观觉察

孔子的学生曾参非常勤奋好学，深受孔子的喜爱。他为什么进步那么快？曾参说："我每天都要多次问自己，替别人办事是否尽心竭力？与朋友交往有没有不诚实的地方？先生教的知识有没有复习过？"现在的我们是否也像古人一样能够静下心来，每天三省吾身呢？为了营造宁静致远的校园育人场，学校发起了"内观"活动。

"内观"是指"观内""了解自己""凝视内心的自我"。借用"观察自我内心"的方法，设置特定的程序进行"集中内省"，以达自我精神修养或者心理治愈的目的。

每个罗中学子进校后会拿到一份"内观手册"，手册里简单介绍了内观，并布置了个体的内观任务。

☆第一个任务：人际互动的内观

① 别人为我做了些什么？

② 我为别人回报了些什么？

③ 我做了些什么不该做的（给别人添了一些什么麻烦）？

进行内观时，我们反省与周围人交往的方式，尤其是关系非常密切的，如母亲、父亲、祖父母等;同样,我们可以反省与朋友、同学相处的习惯,以引导人们观察自我内心、观照自己、凝视内心、自我启发、自我洞察。

☆第二个任务:写内观日记

① 目前自己存在哪些问题和苦恼?

② 按阶段回忆父母为我们做了什么,要求写出给自己留下印象最深的生活中的事件。

③ 我给父母带来多少麻烦?

④ 我为父母做了什么?

最后作总结,写出自己写内观日记的感受。

在内观体验中,学生觉察个人的"自私"与"我执",同时强调觉察他人的爱,重新体认爱。了解他人对自己照顾多少,自己又对这些人回报了多少,去体会在过去的人生过程中有哪些人关爱到自己。别人的关爱有物质的,也有精神层面的。从正面去内观他人的爱,就能回忆过去自己所遗忘的爱,并且去感受别人给予自己的爱,探寻"人我一体感"。内观带动以爱为基础的同理心,使内观者与他人产生连带意识,最后克服存在的空虚与孤独。

这是内心安宁之美,是人际和谐之美,是人我一体之美。

二、培养积极心理,促成三感育人

学校想培养什么样的人?如何评估?这是一直在拷问罗中教育者的问题,也是罗中教育者一直在探索践行的问题。罗中人认为,全面发展的人的前提是健康、快乐的人,是面对逆境与变化能适应能成长的人。从何处着手?罗店中学的心理健康教育给了一个方向。学校以积极心理学为理论基础,从提升抗逆力三感——归属感、乐观感、效能感出发,紧扣积极心理品质、幸福等关键词,打造和谐的内心环境、人际环境和社会环境。

1. 以美育心,三感成人

美育是通向心灵、贯穿生命的教育。美育唤起情绪的平和,唤起自我的觉醒,唤起人际的互通,唤起学习的动力,唤起未来的力量。为了更好地践行美育,学校打造了生命美育基地。

走进生命美育基地,"以美育心,三感成人"八个艺术字映入眼帘。"三感"即归属感、乐观感、效能感,这是学校生命教育的理念及特色,是指以美育为核心,以表达性艺术辅导为抓手,以健康人格为目标,培育和提升全体师生的归属感、乐观感、效能感。

走入基地,走廊上温馨舒适的绘画和心理学名家的话语,一瞬间让心灵有了些许平和。测量室、宣泄室、咨询室、团体工作室、阅览室、放松室、督导室,提供了全功能的心理组室。在这里,学生可以找三位心理老师咨询,也可以体验自助的心理服务;在这里,学生体验丰富的表达性艺术课程,也可以家校互动体验家长课程;在这里,学生的成果被倾听、展示、陈列;在这里,学生是主体,自助助人。

在生命美育基地里还有这么一个特殊的工作坊——创造性心理戏剧工作坊。这是罗店中学以美育为核心,结合教育戏剧和心理剧进行的创新尝试,是为创造性心理戏剧量身定制的专属场地。这里有一间团训室,两面墙的镜子,用于学生学习创造性心理戏剧的基础课程。我们的音乐篇、形体篇,都在这间完成。平时,学生们也可以自主前来进行一些心理戏剧的排练。另一间打造了一个互动小剧场的模式,有后台、舞台、观众席、主控室,学生在这个空间里进行排剧和展演。通过运用情境、场景、情节、角色扮演、情感体验等戏剧元素,为学生"还原"他们将面临的真实生活,让学生"进入"不同的情境中"遇见"困难,激励他们通过游戏、合作、行动去解决问题,从而获得体验和能力。体验式演绎是创造一种机会,为孩子提供另一双眼睛观察生活、另一种身份体验世界,让他们看见自己的生活、预见自己的未来。

2. 积极品质,蓬勃人生

学校以建设美育特色学校为核心,将心理健康教育与美育特色学校建设融合,以抗逆力三感——归属感、乐观感、效能感为关键词,践行以美育为核心的大环境、以功能为抓手的心理健康教育环境、以健康人格为目标的内环境建设进行归属感培育;通过情绪指导、合理期待、培养幽默等培养学生的乐观感;从丰富多样的成就体验、尊重多元的价值观、植根古镇的未来展望等提高学生的效能感。学校重视学生本身的特质与需求，发展积极心理品质，坚信每个生命都有其自身的独特色彩，鼓励学生个性化成长，走向幸福人生。

学校重视每个个体内在心理环境的和谐发展，重视个体与个体间的良好人际关系。每年三月开展的高三百日誓师大会，互相倾听心声，激发了学子的斗志，也拉近了师生的关系。每年五月的心理健康月，以各种颜色为主题，构建一个信任、悦纳、健康的心理环境，在"让生命充满绿""挥别忧蓝""笑，如此多彩""点燃正能量，寻觅正色彩"等活动中，师生参与度高、满意度高。

学校的美育目标指向"全人"。学校用生涯教育的脉络来实现"全人"这个目标，强调实践，分别从兴趣、价值观、能力三个维度开展教育工作。

如关于价值观的主题活动：关于生命意义的价值讨论——"珍爱生命"座谈会；关于择校的价值讨论——"青春·理想，听学长怎么说"分享会；关于社会主义核心价值观的价值讨论——"青春·心语言"心语征集活动等。

在每学年新学期开学之际，学校会以"人生不倒翁"为主题，给全体高二学生开展一次大型的积极心理团体辅导活动。活动以积极心理学、团体动力学为理论基础，抓住五个积极词汇（好奇、合作、坚韧、乐观、专注），紧扣词汇以五个游戏展开（反转人生、多人多足、坐地起身、数3、不倒森林），结合集章的形式，开展一次有趣且有深意的活动。

活动分两部分开展，第一部分是练习及挑战环节。每个班以小组为单位分别练习和挑战五个项目。在练习中，我们看到学生主动思考、探讨策略、互相协作、勇于尝试、不怕失败、相互勉励。在挑战区，我们在学生的脸上真切地看到好奇、合作、坚韧、乐观、专注。在第二部分分享环节，我们就"活动中的感受""组内想感谢的人""组外想感谢的人""启发与收获"四个问题进行讨论。在组长和志愿者的组织下，每位学生都积极参与分享，每位同伴回答时都用掌声给予鼓励。有些同学真的站起来，走到想感谢的同伴身边，给予了一个大大的拥抱。学生在活动单上不仅留下了活动印章，更是留下了自己的感言。

高中是人生中重要的阶段，真挚地希望学生能够记住这一刻洋溢在脸上的温暖的笑容,展现在脸上的这份得意与自豪,无论顺境还是逆境,坚信他们拥有的好奇、合作、坚韧、乐观、专注将助其走向蓬勃人生。

三、扬波无界艺海,创美无涯未来

多元艺术是罗中"美育"的底色,罗中人对艺术的理解有着很大的包容。罗中人眼里,音乐、美术、戏剧等是经典艺术,民俗是传统艺术,科技是明日艺术。因此,罗中人的艺术育人场承接的不单单是欣赏,不单单是创造,更是传承与发展,是文化交流,是家国责任。

1. 艺海扬波无国界

走进校园,在学校东面静卧着一艘"艺体之舟",这座抽象的船型建筑就是艺体中心,寓意着学校特色能扬帆起航,艺海扬波。近些年,配合学校美育特色建设,这座"艺体之舟"也迎来了新的升级。我们打造了上海中小学中最优质的音乐厅、种类众多的排练厅。在交响乐的基础上,我们还充分挖掘了音乐与科技的联结,引入了数码音乐、数字音创等项目,建造了一批科艺兼济的创新实验室。

让我们随着罗店中学的管乐团足迹一起见证罗中的"艺"。

罗店中学管乐团建立于 1992 年,创建之初许下"托起孩子们学习艺术梦想"的承诺。1999 年被正式命名为"上海市学生艺术团罗店中学管乐团",是当时上海市郊区仅有的学生艺术团。1995 年以来,乐团在市级以上比赛中收获一等奖 30 余项。管乐团多次在上海非职业管乐团展演活动中获得高中组金奖、上海之春国际音乐节青少年音乐精品(器乐)专场金奖等。此外,管乐团还被评为上海市百家非职业性群众艺术团体、上海市百家市民乐队等称号。1997 年以来,管乐团多次在上海音乐厅、上海大剧院等地举办专场音乐会。2002 年以来,管乐团多次赴韩国、德国等国家进行交流活动,获得优异成绩。2018 年在管乐团的基础上,罗店中学整合教育集团资源,聘请上海师大师资,开设弦乐班,逐步推动管乐团向交响乐团发展。2018 年 12 月 26 日,上海罗店学生交响乐团正式成立。

"从田野走来,在乐厅吹起,披着威风的衣裳,系着铜色的乐器,吹响了青春与艺术的欢歌,奏响了成人与成才的号声,带着对音乐的执着与追求,前进!前进!前进!进!"一位管乐团的成员写下了这么一首诗。30年来,乐团师生始终坚守,不忘建团初心,再接再厉,积蓄发展力量,砥砺前行,不断奏响奋进旋律,让青春强音在新时代的广阔天地中璀璨绽放。我们吹出了农村学校的民族自信,也吹出了以音会友的民族自豪与使命感。

2017年8月,由罗店中学34名学生组成的访学团,作为文化交流的使者,赴德国黑森州的克里斯蒂安·劳赫高级文理中学进行为期一周的访学交流。一到学校,师生立刻分成三组,在三位老师的带领下各自参观了校园。音乐教室、物理实验室、化学实验室等让同学们感到分外亲切,音乐无国界,科学也无国界。紧接着同学们和老师分别同德国师生展开了主题讨论。在克里斯蒂安·劳赫高级文理中学,中国学生体验了一回德国的课堂,他们跟着小伙伴一起上课,还有的跟着一起上汉语课。在这次德国之旅的最后一天,34名罗中学子拿起了自己的乐器,在德国友人面前献上一场音乐会,以感谢德国友人的热情招待。此时,德国友人也用音乐回应,突破语言,突破文化界限。

2018年3月,伴随着淅淅沥沥的春雨,来自德国克里斯蒂安·劳赫高级文理中学的30位师生来罗中体验。作为东道主,校领导、教师代表、学生代表共同举办了简短而不失隆重的欢迎仪式,对德国师生的到来表示热烈的欢迎。仪式上,双方领导分别致辞并互相赠送了礼物,拉开了两校文化交流的序幕。古典诗词育审美,翻转课堂练思维,口语交流谈友谊,为影视配乐,学做广播操,德国师生走进语文、数学、英语、音乐、体育等课堂,体验不一样的学习氛围,感受别样的教学风格。

交流活动期间正逢罗中第30届文化周,德国师生们与罗中学子一起放风筝、打乒乓球、打篮球,欣赏罗中学子的精彩才艺,感受青春的活力;习书法,品墨香,来场神奇的版画体验;包饺子,做汤圆,品尝中国传统美食;跟随罗店彩灯传人朱玲宝老先生一起学扎灯笼,体验非遗文化的魅力。

中德学生联欢会将本次交流活动推向了一个高潮。晚会上,双方领导、德国学生们对本次交流活动的情感分享触动了在场的每一个人。节目更是精彩纷呈：罗中的管乐演奏，声乐独唱；德国伙伴们的杯子舞，即兴演唱，爵士乐队的演奏等，为大家呈现了一台音乐盛典。

音乐的魅力可以跨过山河大海，美育的魅力可以传承古今中外，艺术无国界，美无国界。

2. 创海无涯开未来

教育是导向未来的。学校在多元艺术特色的基础上，充分挖掘开发科技元素，实现科技与艺术双螺旋的科技教育模式，助力学生建立科学观念，灵活应用科学知识与技能，提升科学思维及创新能力，规范科学探究及交流的能力，培养学生好奇、实事求是、追求创新、合作分享的科学态度与责任，以求全面发展。

"气象物语"创新实验室、"城市规划"3D打印创新实验室、"四季"屋顶绿化创新实验室、"未来问题"创新实验室等，为学生打开了未来的一扇窗。

这里，我们以"未来问题"项目为例，一起来看看罗中人是如何在创海中遨游的。

在罗店中学，未来问题解决项目不单单是一个比赛，而且是一个完整的研究性学习课程。在这个课程里，学生对一系列全球性话题进行研究，通过六步创造性问题解决过程，结合自身知识储备来对设定在未来场景中的问题提出解决方案。在项目中，学生会收到一个简短的未来场景，这个场景和全球问题主题相关并设定在未来。未来场景中的全球问题涉及商业经济、科学技术、社会等方面。脱颖而出的参与者会受邀参加6月份举行的"未来问题解决国际项目"会议。

在多年的项目探索中，学校未来问题团队逐步形成了老带新、共成长的小团体学习模式。高一新生通过推荐、笔试、面试等环节选拔后进入团队，由高二老队员一对一、手把手指导。经历个别学习、小组学习、组间PK、模拟比赛等形式，新老队员们快速磨合。

通过每周一次的团队训练，学生会在寒假进入3个小时的资格赛。队员们合理分配角色和时间，巧妙地运用便笺纸、荧光笔、思维导图等工具，游刃有余地完成了比赛。队员们对自我表现都比较满意,表示找到了未来问题解决项目的正确打开方式。疫情期间,围绕"未来问题解决"的线上研究性学习成为队员们每周雷打不动的学习内容。关于主题的深度学习让大家的主人翁意识深度觉醒,全球视野被打开,创新意识在提升。

☆参与者感言

未来问题挑战为我打开了一扇新世界的大门。尤其在思维方式上,让我真切地认识到学习是有方法和策略的,特别是之前一直被我忽略的"计划先行"和"文献研究"。未来问题挑战确实不仅是一个比赛,更是一个研究性学习的全过程。

——许尹柔

初进团队,心里十分忐忑。通过高二学长的悉心讲解后,我慢慢发现了这个项目的乐趣并享受其中。特别是每次的未来问题场景总能带给我一个意想不到的未来世界。

——张静

比赛前,我们筹备、训练了许久。比赛后,我们的努力见了成效。比赛中,我们快速分配了18个领域,头脑风暴过后,高效地找到一个最具创新、最方便为大家提供解决思路的潜在问题。比赛对我而言,是稳中有进的。我不仅拥有了赛场之上紧张与兴奋并存的体验,也让我对未来问题解决更增添了兴趣,使我受益匪浅。

——王志浩

我很自豪自己能参加未来问题解决项目。通过这次比赛,我真真切切地认识到一个人是很难交出一份完美答卷的,但是,四人一心,没有什么问题是难以解决的。

——陈静远

经过了多次未来问题的模拟和正式比赛后,我收获颇多。首先,我们能更灵活地运用问题解决六步法,寻找16个潜在问题时更加高效与精准,队长的作用也更加凸显了出来。其次，我对第二步的确立和书写更加明晰了，不再拘泥于选择哪个方案更好，而是在团队讨论下变得更加果断，聚焦能力也在赛前训练中有所提升，对问题解决的可行度也更加有把握。再次，便是我协助第四步的同学和第三步的同学加快进度，我们之间的默契度也更高了。最后，我的第六步不再像以前一样条理不清，选用的主语也更加多样化，结构也更加清晰了，几个小标题让文章更加简洁易懂。在这次的未来问题挑战中，我认识到我依旧还有许多不足，但是我相信在之后的训练中，缺漏会越来越少，思维能越来越广、越来越深，创造力也能越来越强。

——曹景园

经过一年的历练，我成长了很多。在比赛中，我负责的是第三步解决问题部分。这一次我采取了思维导图的方式来列出问题，相比于传统的单纯去找16个方面的答案，轻松了许多，效率也提高了不少。在比赛过程中，我们并不只负责自己的部分，队里的其他小伙伴遇到困难时，我们会携手合作，一起探究问题，并通过此次比赛提高了团队协作能力。

——同毅

训练期间，大家一起收集了有关"游戏化策略"的资料，查阅国家发布的关于电子游戏方面的法律法规，这对文章的解读大有帮助。经过比赛前的培训，我们调整了比赛方案：分工合作大大增强了我们的做题效率；思维导图让我们分析得更加清晰全面；脑洞大开帮助我们拓宽思维，缓解气氛。方案改进让我们开阔了自己的思维与眼界，培养了自己的批判性意识。

——党昱欢

新的一年，新的挑战，从初出茅庐的高一新生成为尚未游刃有余的高二学生。面对赛题虽然还是会紧张，但是所幸赛前的训练充分得当，思维导图让我们一组人的思维从分散到整合，激越起思维碰撞的火花。虽然赛题里的场景看起来很不可思议，但是随着人类科技不断进步，这些未来终有一天会发生在我们身边。未来问题挑战不仅展望未来，也是人类对未来的思考与领悟。

——胡奕

"未来问题"项目仅仅是罗中人创新的一个缩影,我们看到了参与其中的罗中学子的成长,这种成长不单单是知识技能上的,更是计划先行、团队合作的科学素养,更是全球视野、家国责任的品质体现。

　　罗中人在美育育人场建设上勇于尝试,勇于打破传统思维,用全球视野、未来思维开拓更广阔的美育未来。

第四章

美育为教师队伍赋能

2020年中共中央办公厅、国务院办公厅印发了《关于全面加强和改进新时代学校美育工作的意见》（以下简称《意见》）。要实现《意见》的目标，在加强和改进美育工作的政策、机制、环境和具体条件之外，建立一支合格的美育师资队伍，是落实美育工作、提高美育教学质量的重要保障。

伟大的人民教育家陶行知先生倡导"千教万教教人求真，千学万学学做真人"，近代德国著名哲学家雅斯贝尔斯说"教育的本质是一棵树摇动另一棵树，一朵云推动另一朵云，一个灵魂召唤另一个灵魂"。他们都在寻求教育的本质，探寻在传道、授业、解惑之外教育的功用，也就是人的发展。进入新时代，在全面推行素质教育的背景下，美育就被提到与德育、智育、体育同等的高度。

新时代需要怎样的美育？《意见》给我们指明了方向："以立德树人为根本，以社会主义核心价值观为引领，以提高学生审美和人文素养为目标，弘扬中华美育精神，以美育人、以美化人、以美培元。"

在学校特色建设过程中，罗中将培养一批师德为先，思想品行端正，具有一定的专业艺术爱好与技能，实现"以美育人"；具有一定的审美能力，善于挖掘学科美育因素，促进"以美化人"；具有正确的审美价值观和艺术创作观，推动"以美培元"的教师。为此，罗中主要从全体教师通识培养、艺术教师专业提升、非艺术教师特色挖掘三个层面培养美育特色教师队伍。通过搭台子、压担子、走出去、引进来促进艺术教师专业提升；鼓励非艺术学科教师发展第二专业，兼职开设美育选修课程，在实践中提升美育素养。在培养对象上，把骨干培养与全员美育相结合，以全员美育为主；在培养方法上，把集中学习与岗位实践相结合，以岗位实践为主；在培养形式上，把教学与科研相结合，以培养能力为主；在培养的资源利用上，把校本资源与外聘专家相结合，以校本资源为主。罗中逐步构建起理念先行、专家引领、骨干示范、全员参与的美育特色教师专业发展支持系统。

第一节 美育底色，助力全体教师新发展

学校美育曾处于"被遗忘的角落"。要提高学校以美育人水平，特色教师队伍建设是创建美育特色学校的重要支撑。以此为突破建构高中"以美育人"的实践变革路径，显然成为一种既必要又必需的选择。美育教师美育能力和素养发展直接影响到学校美育目标的实现程度。只有懂得艺术、能够审美的教师，才能贯彻美育原则，永远怀着款款深情，在追寻理想的路上，且歌且行，美中寻美，从而实现美美与共。

要办好一所美育特色学校，除了拥有一支具有较高艺术素养、扎实艺术教育功底的骨干教师队伍以外，还需要众多的具有美育素养、符合美育要求的教师。为此，学校把美育素养融入师德师风建设，置于教师队伍建设的首要位置，提升教师的美育素养，增强教师以美育人的能力。罗中激励广大教师努力做"专业且具美育特色"的教师，以良好的思想政治素质、崇高的人生追求影响学生的情感、趣味、气质、胸襟，激励学生的精神，温润学生的心灵，真正担当起以美育人使命。

一、特色研修：关注教师美育素养

从人的成长的角度来看，"素养"不只是知识，也不只是能力，而是意识、知识与能力、情感的综合。从这个角度出发，可以将教师的美育素养界定为教师在"以美育人"意识、知识和能力、情感等维度的综合表现。

1. 重进修——强化"以美育人"意识

要提升教师的美学素养，首先要强化教师"以美育人"意识，这种意识的强化源自教师对美育价值的认同和美育使命的认知。针对学校三类特色课程的特点，学校为特色课程教师聘请了高校专家教授、特级教师、资深美育特色专家、学科领军人，培训带教学校的教师，进一步提升美育教师队伍建设。针对学

科艺术融合课程,学校聘请了语文、数学、英语等15门课程在内的区教研员组成学科专家团队,通过教研主题活动、实践体验,深入开展美育融入课堂教学的实践与研究,进一步拓展学校建设特色学科高地和研修高地的外延与内涵。针对艺术尚美专业课程,学校聘请了上海师大、上海大学美术学院的专业艺术教师以及民间手艺传承人组成艺术专家组,通过专业引领、指导培训,进一步提升教师的艺术专业能力,通过高校教师宽广的文化视野、深厚的学术功底开阔教师的视野,增强对艺术的理解力与鉴赏力,提升教师的个人境界。针对活动尚美体验课程,学校聘请了青少年科技站、少年宫的专家团队,通过跨学科研究、项目研修的方式,以课题研究为载体,指导教师组织开展各类美育相关活动,提升教师的活动组织能力、课题研究能力。

艺术的碰撞:罗店教育集团开展美术教研纪实

为进一步提升罗店中学艺术教师的学术品位,增强教育集团美术教师对非遗文化罗店版画创作的感受,罗店教育集团邀请上海师范大学天华学院艺术设计学院院长赵牧教授为罗店教育集团成员校的美术教师开展了以"音乐与绘画创作"为主题的美术教研活动。活动既有创作,也有讲座。讲座由宝山区首席教师金云华老师主持。

讲座中,赵牧教授向我们讲解了音乐与美术之间的联系,它们都包含在艺术中,都是艺术的表现形式。美术是以点、线、面、形状、色彩、色调等构成视觉形象,音乐则以有组织的旋律、节拍、音色、速度等构成抽象的听觉形象,在创作过程中两者存在着相互作用的现象。绘画中线条隐含着音乐的节奏与旋律,色彩中隐含着调性与和声,图形中隐含着乐感与音色,因此能从优秀的美术作品中感受到音乐的律动,也能从优秀的音乐作品中感受到美术的色彩。整个讲座过程气氛活跃,会场内掌声阵阵。

2. 勤学习——丰富"以美育人"知识

教师美育素养的形成尽管不是单纯的美学知识的积淀,但是也必须以一定的知识储备为基础。教师的知识是教师专业发展的支撑,也是其专业价值实现的前提。为提升全体教师美育认知层次,罗中自编《美育通识读本》,内容涵盖音乐家、名画、书法、篆刻、民俗五个板块,致力于打造有灵魂、有品位、有魅力的美育教师团队。音乐家板块以国内外音乐家的生平及作品为线索,提升全体教师音乐素养;名画板块涉及中国画、油画、壁画和连环画,丰富教师的历史文化知识,提高审美情趣;甲骨文、金文、篆书、隶书、楷书、行书等书法作品引领教师感知结构美、线条美、章法美、意境美;在赵孟頫、文彭、赵之谦、吴昌硕等大家的篆刻作品中寻找传统文化元素,激发美育教学灵感;以罗店彩灯、罗店花神、罗店民俗画、罗店龙船等罗店民俗,导引教师体验民俗文化之精髓,在感受罗店古镇之精彩的同时,激励教师挖掘民俗文化,传播美育火种。

2020年以来,罗中组织青年教师到陶行知纪念馆、中华艺术宫、上海师大等观摩学习百余人次。学校美育特色创建核心小组人员利用双休日走访了苏州六中、海大附中、上戏附中、城桥中学等文化相近学校,进行系统观摩学习。学校给教师创造持续激发美育潜能的机会,如创建班主任美育工作论坛、成立学校学科美育渗透研究团队、组建美育项目式学习研究团队等,提升全员美育素养。罗中将教师整体美育素养的提升作为学校特色发展最重要的人才战略,通过优化优质教师结构,依托特色为学校可持续发展奠定基础。

为提升全体教师美育素养,罗中近一年开展各层面"尚美讲坛"系列美育主题讲座35场,先后延请复旦大学、浙江大学、上海师范大学、上海大学、上海音乐学院教师来校为师生开设美育相关讲座十余次,听课人数超过两万人次。学校全体教职工组织专题美育培训十余次,学校美育氛围进一步强化。

表4-1 "尚美讲坛"部分活动

编号	活动主题	活动内容
1	在继承中求创新,在创新中谋发展	回顾美育特色发展之路
2	立足课堂 尚美成人	完善课程图谱,改进课程评价
3	尚美青研社:建筑可阅读	打卡百年历史建筑群
4	尚美讲坛——融合·发展	学校特色顶层设计

(续表)

编号	活动主题	活动内容
5	尚美讲坛——致敬双国士	做"四有"好教师
6	尚美素养培育	校园音乐会欣赏

尚美青研社：打卡百年历史建筑群

百年大党正青春，回望百年奋斗路，上海作为初心之地、光荣之城，勾勒出壮观红色文化基因图谱。在校党总支的带领下，罗店中学尚美青研社22名青年教师跟随上海首批"建筑可阅读"宣传大使之一、上海市建筑学会会员、上海城建职业学院副教授周培元走进"老上海"，阅读建筑文化之美，领略建筑风格之美，在人文行走中了解"前世今生"，品读印记钩织而成的历史内涵，将党史学习教育走深走实，在百年党史的历史底蕴中锤炼品格、坚定信仰，为学校美育特色建设、实现尚美成人注入青年力量。

青年教师们认真聆听，积极互动，在周老师生动幽默的讲解中进一步理解建筑的空间设计之美，了解建筑的空间塑造之美，明白历史建筑的故事及其深远影响，让大家感受到"城市不是舞台背景，而是生活场景"，过去的历史则是我们日常生活的一部分。这次的行走对大家来说是一次有温度、有大美、有深度的漫步之旅。

尚美青研社教师感言1：我辈青年教师更要起而行之，挥斥方遒，保持永不懈怠的精神状态，在多彩的青春年华里书写奋斗故事，为我校的美育特色建设贡献自己的力量。

尚美青研社教师感言2：一幅幅饱经沧桑的照片，记录着一个个感人的瞬间；一个个凄美的故事，埋藏着红色的微微星火。身临其境，方知初创之艰难；瞻仰故地，更感先贤之崇高。我校美育特色学校建设的过程是艰辛的，也凝聚了几代罗中人的心血，吾辈勇担当，尚美成人也成己。

尚美青研社教师感言3：建筑是流动的艺术，艺术是凝固的建筑。这些历史建筑凝聚着一个城市的文化、传统和习俗，她的美值得我们去欣赏和阅读。我们将坚定不移跟党走,铭记奋斗历程,担当历史使命,汲取前进力量。

二、实践体验:夯实教师美育基础

教学既是一门科学,又是一门艺术,学校美育离不开教师美育基础的夯实。教师的美育基础融汇着其自身的知识修养、人格特征和情感体验,具有独特的美育效能。实践体验是夯实教师美育基础的重要手段,教师社团活动和教师案例教学是丰富罗中教师"以美育人"情感,提升美育能力的有效路径。教师在不同社团中触摸美的形式,内化为自我的美育基础,并在课堂教学中转化成其鲜明的美育特色,引领学生树立正确的审美意识、健康的审美情趣,发展感受美、鉴赏美、创造美的能力,塑造其健全的人格和健康的个性。

1. 创社团——温润"以美育人"情感

只有"美的教师"才可能培养出"美的学生"。在教师美育素养提升过程中激发教师审美情感体验并吸取直接经验,将美学技能训练的目标直接引向审美情感的深化,进一步转化为学生"发现美、创造美、共享美"的情感共鸣。现代教师的工作节奏增快,职业压力增大,聚焦教师特色爱好,开发教师社团是有效帮助教师释放工作压力,促进教师之间交流和教师美育素养提高的重要抓手。目前,学校已开设教师美育社团11个(见表4-2),每个社团均定期举办不同规格的交流活动,为教师的业余生活增添一抹亮色。

表 4-2 教师美育社团及活动内容

社团名称	社团主要活动内容
手编社	利用简单的材料编织小物品,美化生活
园艺社	利用学校的空间和阳光,种花种草,美化生活,陶冶情操
爱家美食社	学习烹饪不同的美食,使食物具有色、香、味、形及养生的功效;通过美食活动增进同事间的友谊,学会分享美食与爱
逻辑与口才社	让参与者敢于表达展示自己,形成缜密的思维、有条理的语言及良好的逻辑性,丰富教师的日常生活,促进思想的碰撞与交流

(续表)

社团名称	社团主要活动内容
美术社	通过速写训练,养成生动深刻的造型能力和形象记忆能力,提高艺术创作能力和水平
木工社	体验木工制作,热爱木工文化
乒乓球社	丰富校园文化生活,提升综合素质,加强交流,强身健体,超越自我
摄影社	继承和发扬摄影文化及艺术,结合罗店中学尚美育美教育理念,在生活工作中寻找美、发现美、捕捉美,把美带给更多的人
书法社	开展书法教学和研讨,提高书写技艺和欣赏水平
心影社	以心理类电影为切入点,开展校园观影,全力提高教师心理健康水平
篆刻社	认识篆刻和篆刻家,通过刀法练习、临摹练习,欣赏并篆刻艺术作品

【摄影社活动剪影】2020年6月13日,我校邀请中国摄影家协会三位会员专家为摄影社成员提供美育摄影作品构思指导。专家的指导让人眼前一亮,如构建自然景观与人文景观等不同的摄影板块;拍摄罗中的历史、注意时间的跨度与纵深感、有意识地通过摄影保存珍贵的史料;关注"身边的美",挖掘发现师生日常生活中的美。在社团活动的推动下,教师们的摄影热情高涨,摄影水平提升,校园美的元素借助摄影视角淋漓尽致地呈现,极大地激发了师生的爱校情怀。

【爱家美食社活动剪影】爱家美食社开展以"魅力校园,美好生活"为主题的社团活动,大家利用课余时间体验烘焙DIY的乐趣。穿着整齐的围裙,操作着不锈钢器具,黄油、牛奶、鸡蛋、蛋糕粉等原料在诱人的飘香中华丽地变成巧克力爆浆蛋糕、蔓越莓饼干、华夫饼……杨老师(物理)熟练地出炉纸杯蛋白,当细筛过的糖粉飘落在巧克力蛋糕上的一刹那,围观的美食家们瞬间都有一种灵魂深处的悸动,实在是太美好了。

在制作、品尝、分享美食的同时,老师们学到了烘焙的技巧,摄影社老师又将大家的欢乐笑脸一一捕捉,秋日暖暖的阳光更是渲染了教工们积极参与的热情。社团活动凝聚了所有老师的心,在罗店中学创建上海市美育特色普通高中的路上,大家齐心协力,共创辉煌。

2. 凝案例——提升"以美育人"能力

蔡元培曾言："美育者，应用美学理论于教育，以陶养感情为目的者也。"教师美育意识和知识的丰富，最终需要转化为教师"以美育人"的能力。美育并不机械地等于艺术教育。学科教学是学校教育的主阵地，教师任何专业能力的提升都与学科教学的实践有密切关联，教师"以美育人"能力的历练也需要立足于学科教学并指向学科教学的改进。为此，加大美育教学在各学科教学中的渗透作用是助力学校美育建设的重要举措。

在"尚美成人"理念的指导下，各科教师纷纷探索以"艺味课堂"为特色的学科尚美教学路径，试图寻找教学中渗透美育的契机，选择恰当的教学方式，结合课程需要，美化课堂教学的过程，并且增强教学活动过程中的层次感，为学生创设体验美的情境，激发学生学习的兴趣，感悟学习过程中的思辨美、探究美。在老师们集体智慧的凝练下，学校形成了《思"美"集——艺味课堂优秀案例》。

表 4-3 思"美"集——艺味课堂优秀案例

学科	思"美"集
语文	在课堂教学中关注学生学科审美素养的培育——以《故都的秋》为例 美的共振，触碰文化之核——《五代史·伶官传序》教学实践案例 将艺术图像融入文学鉴赏——以《促织》教学中的板书设计为例 赏风雪之美，品小说之妙——《林教头风雪山神庙》美育教学案例 品味精神之美，欣赏思辨艺术——《过秦论》美育案例
数学	高中数学课堂教学中的美育融入——以基本不等式及应用(1)教学为例 践行美育融入，提升核心素养——以双曲线函数为例 "双新"背景下数学美在探究课中的融入——以用数列方法探究雪花曲线为例 数学美在"数形结合"思想应用中的渗透——以高三二轮专题复习为例
英语	英语作文讲评课中美育的融入 在英语视听课中渗透美育 美育在高中英语课堂教学中的渗透初探——以必修二第四单元视听说课为例

(续表)

学科	思"美"集
化学	基于真实生活情境的化学教学美育案例 基于化学核心素养的美育实践课——以"铁和铁的化合物"复习与应用为例 基于核心素养提升的艺味课堂教学分析——以"浓硫酸的性质"为例
政治	如何在思想政治课中融入"美育元素"初探
历史	漫画,让历史课堂更"艺味"——以"第一次世界大战"为例 巧用艺术作品,创设艺味课堂——以"太平天国运动"教学为例
地理	地理美育教学探索——以"农业区位条件"为例 高中地理课堂教学的美育探索——以"水循环"为例
生物	基于审美视角的科学探究改进教学初探——以"DNA模型搭建"为例 建模与对话,让学习真实发生——艺味课堂教学实践
信息	让枯燥的算法设计盛开美育之花——"算法设计"单元教学设计案例
艺术	艺趣教学彰显个性——以"中西合璧的花木兰"课堂教学为例
体育	美育与篮球教学案例

以美育人:英语写作课中美育融入感想

撰写美育教学案例的过程,是我继准备教案、备课试讲后,再一次深度剖析这堂作文讲评课的过程。我们知道所谓美育融入课堂教学至少可以从两个角度切入:其一是充分发掘和利用教学内容中有关美育的资源,鼓励和启发学生探索发现教学资源中的美育因素,培养他们的人文素养和美育情怀;其二是教师在课堂教学过程中,将美感融入教学氛围、教学手段和教学语言中,为学生营造良好的美感体验。再次反思我的案例撰写过程,我将整堂课的活动安排按照作文评析要求中的三方面——内容、结构和语言进行了划分。

课堂教学的第一个活动是审题并明确写作要求。在这一环节,我的主要教学手段和意图是"以文本内容为载体,增强是非判断意识"。在学生进行认真审题的基础上,我着重突出了题干当中有关"看法及建议"的要求,启发学生深入思考"低头族"现象存在的原因、危害以及改进措施。在这一活动中,我的教学目标从单纯审清题干深入到培养学生正确的是非判断能力,着力渗透着文化意识的培养。

课堂教学的第二个活动是组织行文框架结构。在这一环节,我的主要教学手段和意图是"以文本结构为支架,明晰论证思维逻辑"。在学生进行作文评析的过程中,我积极指导学生构建陈述网络图,并提示他们每一部分的观点表达都应有总有分、有主有次。在这一活动中,我的教学目的包含着让学生体会语言本体之美的意图,语篇整体有语篇的结构美,语句之间有语句的结构美,这一过程积极强化着他们的结构性和逻辑性。

课堂教学的第三个活动是润色文本语言。在这一环节,我的主要教学手段和意图是"以文本语言为手段,融入生动丰富表达"。在学生进行语言加工的过程中,我鼓励他们结合范文,自行归纳总结可以用以打磨语言的技巧和策略,启发他们对比不同范文中不同语言使用带来的不同美感体验。在这一活动中,我的教学旨在通过学生反复打磨文字语句,以增强他们的鉴赏能力。

纵观整个教学设计过程,我基本做到了充分发掘和利用教学内容中有关美育的资源,鼓励和启发学生探索发现教学资源中的美育因素,但是在营造美育教学氛围上还存在着一些不足。在接下来的实践中,我将进一步将两者自然融合,巧妙流畅地完成美育融入教学的过程。

第二节　美育亮色,驱动艺术教师再提升

科学与艺术如鸟之双翼、车之双轮,"满足着我们不懈的理性追求和真实的情感渴望,两者互相促进、交相辉映"。艺术课作为学生美育的必修课,在学生人格成长、情感陶冶及智能提高中有重要价值,艺术课的高效实施关系着中学美育的发展,而高素质的艺术教师培养,是推动学校美育发展的关键所在。学校通过搭台子、压担子、走出去、请进来等措施,力图进一步提高音乐、美术教师队伍的水平。

借助上海市交响乐团盟主单位的优势,罗中组织教师参加国内外各种展示

表演,国外两年一次,市内每年一到两次,区内每年多次,锻炼提高音乐教师水平。每周一次艺术展演,每月一次音乐会,每年一次艺术节,对艺术教师的组织管理、技术技能都提出更高的要求。组织音乐、美术教师参加各种高端艺术类培训,如全国级乐队指挥培训,键盘类培训,中央美院、清华美院美术培训等。同时外聘专业艺术教育教师,构建校外专家群,校内校外形成合力,努力建设一支师德高尚、业务精湛、结构合理,具有综合教育教学能力、掌握现代技术的高素质美育教师队伍。

一、音乐教师:美育引领谋发展

音乐是罗中艺术教育的品牌。经罗中几代音乐教师的共同奋斗,学校的管乐团发展为交响乐团,其中蕴含了周宝良、王雅婷老师的心血,也在李江、刘怡琦、杜潇老师的加盟后迸发新的活力,续写新的辉煌。周宝良、王雅婷、李江师徒三代的传承也成为罗中美育发展的佳话。

1. 播种——艺海坚守

怀着对器乐教学的执着,周宝良老师在1992年开始建设罗店中学的艺术教育,开启了管乐团教学之路。组建乐队的道路困难重重,学生都是零基础,谁来教、怎么教、何时教等一系列问题接踵而来。作为一名党员,周宝良老师视困难为"纸老虎"。30年里,每逢周六,他都在学校带领乐团成员进行各声部的专业课学习和合奏练习,节假日也不轻易停课,近千名管乐队队员接受过他的长期指导。对待乐团训练,他严肃认真,重视团队合作,提倡"人人都是乐队的主人",也注重培养学生之间的合作精神,让他们在管乐学习中体会质朴的人生道理。他以认真的态度、良好的管理模式,带领乐队一起走南闯北,1995年以来,已获得金奖等30多个奖项,并多次在上海音乐厅、上海大剧院等地举办专场音乐会。乐团更是多次赴境外进行交流活动,获得优异成绩。1999年乐团被评为"上海市学生艺术团"、宝山区艺术特色项目(管乐),罗中管乐团已成为学校的艺术品牌,甚至于区艺术品牌的代表之一。由他带领的罗中管乐团在上海、全国展演屡次获得金奖,广受赞誉。

2. 育种——师徒传承

王雅婷老师中学就读于罗店中学，学习单簧管。从一个单一乐器的演奏到成为罗中管乐团的一分子，管乐学习为她打开了音乐世界的另一扇大门。王老师回忆："2007年大学毕业，我第一志愿就是回到罗中来当一名音乐教师，因为这里是让我梦想起飞的地方，这里有带领我探索美、创造美的老师。"

很幸运，曾经的恩师、乐团常任指挥周宝良老师成为王老师的带教师傅。为了真正发挥一个党员骨干教师的作用，周老师在管理乐团的同时，还把一定的精力放到了青年教师的培养中。对学生而言，周老师是良师；对青年教师而言，周老师是益友。他带领王雅婷老师共同钻研教学，不断提高教学质量。他教会王老师如何上好艺术课，耐心教她指挥，让她实现了事业征程上的一个个"小目标"，在各类比赛中获得了优异的成绩。2013年由王雅婷老师指导的《日出》获得了上海市器乐教学一等奖，王雅婷老师也被评为2020—2023年宝山区教学骨干、第八届宝山区教育系统"十佳青年"。

3. 深耕——赓续发展

如今的王雅婷老师已小有成就，而她的第一届学生李江受益于周老师与王老师的领路与培养，最后也选择了同样的使命，拿起指挥棒，回到罗店中学成为一名音乐教师，以师徒身份再续前缘。李江老师感慨："即使在很大一部分家长眼里音乐老师微不足道，但是这并不影响我挑灯写教案，并不影响我讲堂上激情澎湃、喉咙沙哑，并不影响我放弃了休息参加教研活动，去吸纳最新最好的教学方法……这一切都来自榜样的力量。想想当初周老师留住远到的专家，申请乐队的款项，说服观念陈旧的家长，再看看现在他白了的头发，我便会站起身，在这条音乐教育的道路上整装出发。"

近年来，随着新鲜血液的注入，罗中音乐教师队伍日渐壮大，在周宝良老师和王雅婷老师的带领下，教师专业发展硕果累累。音乐教师李江被聘为2021年宝山区中小幼见习教师规范化培训基地指导教师，参演了"奋斗百年路，启航新征程"宝山区庆建党100周年情景党课、"百年风华，筑梦前行"宝山区"庆祝建党100周年"百首红色歌曲表演，指导的歌曲《追梦的力量》在宝山区第四届红领巾原创歌曲征集活动中荣获教师组三等奖。音乐教师杜潇入职一年,在罗店中学见习教师课堂教学评比中获得一等奖,参与多项区级活动表演,在宝山区"红领巾党史宣讲员"评选活动中荣获一等奖。音乐教师刘怡琦在罗店中学见习教师课堂教学评比中获得三等奖,在罗店中学见习教师案例评比中获得一等奖。在各类大型活动中,青年教师开始登上舞台,独当一面。

师者匠心,罗中三代师者同聚一堂,匠心传承永不停歇。在罗中音乐教师团队的辛勤付出下,罗店中学以管乐团为龙头特色一直活跃在各类大型社会活动中,罗店中学交响乐团已经成为学校文化的品牌,不但在上海闻名遐迩,而且在全国也有了一定的影响力,为学校赢得了良好的社会声誉,也为教师发展提供了广阔的平台,师生共同筑梦人生。

二、美术教师:美育拓展促提升

在提倡美育、素质教育的大背景下,美术教师的工作不再局限于课堂上单纯的写写画画和纯理论的讲述,需要在学生心中种下美的种子,助推学生提升审美趣味、收获审美感动。落实美育视角下的中学美术教育是一个循序渐进的过程,离不开美术教师素养的提升和特色引领。金爱华和金云华两位美术老师在自己的艺术领域各领风骚,为罗中美育特色建设增添了浓墨重彩的一笔。

两位美术老师充分挖掘和发挥古镇文化的特色育人价值,以凸显罗中美育特色。与吴昌硕先生一脉相承的书法大家钱瘦铁先生曾在罗店农村下放,钱先生为刘小晴先生授业,刘小晴先生被誉为沪上现代十大书法家之一。罗中教师金爱华是刘先生爱徒,目前金老师是上海书法家协会会员、上海市宝山区书法家协会常务理事、上海长三角画院副院长。他们师徒三代对罗店书法艺术的传承也在古镇被演绎为一段佳话。金云华老师作为罗店版画非遗传承人、宝山区艺术学科首席教师,近年来带领区艺术学科团队在传承和发展罗店古镇非遗文化方面做出了令人瞩目的成就。

1. 内修——竿头直上

金云华老师毕业于华东师范大学美术专业,现为中国画家协会理事、上海美术家协会会员、上海长三角画院副院长。他刚来罗店中学时学校没有美术教室和绘画工具,学校的美术条件为零,困难重重。他依然记得为了美化布置学校的橱窗,和校领导工作至深夜12点的情景。后来在校领导的支持下,学校美术教育条件逐步改善,金老师也不断进修学习、提升自我,考取了清华大学美术学院研究生。

金老师全心全意将自己所学服务于学生发展,服务于学校的特色发展。2000年以来,累计百余名学生在金老师的指导下收获版画、书画等各种美术比赛的多个奖项。为了能给学生专业系统的指导,金老师积极参与市区级各项培训交流活动,并利用业余时间撰写《美术类专业中高考通关系列——色彩静物》教材,紧跟评价要求,针对色彩评价中的知识点各个突破,帮助学生提高色彩静物绘画能力。其参编的《漫画进阶教程》,在长期的动漫画教学中进行了大胆、可喜的探索,竭力寻找一条培养具有创新开拓思维和传统民族精神型人才的方法和道路。该书既可供儿童学习动漫画,也为教师提供基本的操作方法。另外他还编制了中小学生学习绘画基础用书《速写进阶训练》,由浅入深、图文并茂、循序渐进地讲解速写的画法。

图4-1 金云华老师版画作品

罗店版画是宝山区非物质文化遗产代表性项目，以鲜明的地域特征和浓郁的生活气息，多角度记录罗店的生活和农村的变化，画面主题鲜明，形象生动，将罗店的美好一一记录下来，从而留住乡情，展示罗店古镇的前世今生。罗店版画的普及教育对中华优秀传统文化的"研究阐发、教育普及、保护传承、创新发展、传播交流"有很重要的积极意义。近年来，金云华老师致力于将罗店版画文化遗产保护好、传承好，出版了《罗店民俗版画教程》。该书关注罗店地方文化，融入罗店民间艺术，通过介绍民俗版画的历史和民俗版画课程的内容，带领读者了解民俗版画艺术形式和作品的制作过程，欣赏版画作品独特的印痕之美。由金老师创办的罗店中学版画社也入选2021年上海制汇嘉年华展示活动，主持的罗店中学罗店版画项目被列为宝山区非物质文化遗产代表性项目。

金老师的自我发展从未停歇，他的版画作品《永远的记忆》《云深几许》入选"2020上海图书馆版画作品收藏展"，水彩画《怀念岁月》荣获"2020意大利FABRIANO飞碧纳F5纸样绘画比赛"品牌特别奖，《美好乡村生活》入选第八届上海市民艺术大展，版画《江南老灶头1》入选2021上海版画年度精选作品展。金云华老师于2020年被评为宝山区教育系统首席教师、宝山区教育系统"重点项目团队"领衔人，同年又被聘为宝山区学校书画共同体（版画）秘书长。

2. 外展——乐事好功

金云华老师多次开展针对外省市、市区同行的专题讲座和公开课。其自主开发的"罗店民俗版画""速写进阶训练"两门特色课程成为市级共享课程，"创意速写、素描人生"特色课程成为市级师资培训课程，"版画欣赏与创作""速写进阶训练""速写进阶教程"特色课程成为市高中名校慕课，两门特色课程成为校级共享课程，所有课程一直对外开放，供国内同行交流学习。在学校授课之余，金老师积极参与社区、社会活动，无偿指导社区居民绘画技巧，为社区美育贡献自己的一臂之力。

表 4-4　罗中美育共享课程

类别	课程名称	共享范围
市级共享课程	罗店民俗版画	上海市高中共享
	速写进阶训练	上海市高中共享
市级师资培训课程	创意速写、素描人生	上海市高中共享
市高中名校慕课	版画欣赏与创作	市初、高中学生
	速写进阶训练	市初、高中学生
	速写进阶教程	市初、高中学生

突如其来的疫情打破了人们的有序生活，金老师以笔作画，致敬"战疫"一线工作者，为这些"逆行者"加油鼓劲。

持笔为援，以"艺"战"疫"

庚子春，新冠疫情在全国范围内蔓延，突如其来的疫情牵动了全国人民的心，也牵动着罗店中学师生的心！

金云华老师迅速行动，充分发挥自身专业特长，用画笔讴歌抗疫英雄，用作品记录抗疫篇章。四个月以来，金老师先后创作50多幅抗疫作品，传递对武汉的鼓励、对生命的敬畏、对医护人员的尊敬和对美好生活的期盼。这次抗疫系列作品的创作，作为一种以"艺"抗"疫"的独特方式，为疫情防控阻击战的广大勇士们加油助威，也使全校师生感恩来之不易的返校复学。

金云华老师的作品是真情实感的艺术流露。作品《抗疫前线》体现了医务人员在病床前为病人治疗，鼓励病人为战胜病毒努力，一线医务人员不惜一切代价为患者带来希望。作品《不辱使命》描绘了军队医务人员宣誓不辱使命前往抗击疫情前线的场景，象征着勇气与担当。在作品《天使的眼睛系列》中，不同职业的"战疫"英雄坚定又充满希望的目光，淋漓尽致地展现了大无畏的抗疫精神。作品《消灭病毒系列》描绘了医生、白衣、听诊器等画面，以干净纯洁的"白"表达出净化与生命的力量。作品《致敬日夜奋战在抗疫前线的白衣战士》

聚焦武汉抗疫之战,向一线"战疫"英雄致敬。

值得一提的是,金老师的版画作品《宝山教育无偿献血志愿者》入选了在中华艺术宫举行的"召唤"上海市抗击新冠肺炎疫情美术、摄影主题展。水彩画作品《众志成城　抗击疫情》和《逆风战疫　师者为范》,版画作品《天使的眼睛》和《宝山教育无偿献血志愿者》均入选了宝山区抗击新冠肺炎疫情主题展。

第三节　美育特色,激活非艺术教师再转型

"一枝独秀不是春,百花齐放春满园。"艺术教师要有较高的艺术水准、专业素养,非艺术教师也要具备一定的审美素养水平。非艺术学科的教师可充分发掘学科内容中所蕴含的美育元素,在学科教学中渗透美育元素。平时拥有个人美育爱好和特长的非艺术学科教师,可作为兼职艺术教师创办大艺术课或社团,普惠学生,扩容学校美育特色,也使自我美育能力显性化。

一、主阵地:学科美育融入百花齐放

学校在着力招聘和引进高学历人才的同时,注重自己建立机制培养优秀教师和骨干,通过给年轻教师压担子,为优秀教师搭建平台,给潜力教师增任务,给具有上进心的教师以机会,给薄弱教师以帮助和信心。学校教师内在活力逐步被激发点燃,依托多途径、多载体来提高教师的专业素养和综合能力,营造学研氛围,筑特色创建根基。学校在制度上引导教师把美育与课堂教学结合起来,鼓励教师尝试让学科教学融入对学生的美育中去,把学科教学与学生审美能力的提高、审美趣味的雅化、审美品位的提高结合起来,让学科教学不仅仅是知识的传达,还成为提升学生审美能力的有效途径。

1. 搭台子——示范切磋

通过对教师的普遍审美能力的提升、美育理念的强化,把美育落实到课堂教学中。罗中号召教师以寓教于乐的方式,提高课堂教学效益,通过创设有趣

的情境,以情感、灵性、智慧活化认知,以问题为导向,以美启智,让课堂变得有"艺味"——有趣味、有美感、有艺术性,调动学生的学习兴趣与学习热情,激发学生的好奇心和探索欲,让学生的知情意行有机地统一起来并互相促进。

为此学校开展了全员录课活动、"艺味课堂"展示活动、青年教师美育课堂大奖赛、"艺味课堂"教案和案例评比活动等,这些活动覆盖全学科、全教员。2020 年学校开设了 18 堂向全市展示的线上美育教学研讨课,其中 17 堂课被"学习强国"录用为学习资料。2021 年度组织全体中青年教师开设并录制 112 节"艺味课堂"公开课,近 700 人次听课评课,开展"艺味课堂"研讨 3 次。

艺味课堂:"姜撞奶"引发的口味改良探索

高二学生思维活跃度高,对新技术感兴趣,但酶的分离纯化和固定化对学生来讲相对陌生,需要在教师的指导下,实现思路的拓展和问题分析。生物教研组组长晏牡丹老师提出制作"姜撞奶"的想法,使学生在动手活动中以美怡情。张文娟老师以"姜撞奶"制作活动为突破口,进一步就如何改善"姜撞奶"的辛辣口感,并与教学核心知识生姜蛋白酶的分离提纯和固定化相结合,展开"艺味课堂"教学设计,实现以美启智,渗透生命观念。本设计根据真实科研材料分析温度和 pH 对生姜蛋白酶固定化效果的影响,并为最佳给酶量提供建议,基于事实和证据,参与社会问题的讨论,以美化行,发展学生的科学思维和社会责任。

☆教学片段

【由"姜撞奶"提出问题】

教师:安排活动,介绍姜撞奶的原理,请同学思考——有一部分同学提出不喜欢生姜的辣味,而生姜的辣味来自姜辣素、姜醇等一些物质,那么应该怎样改进姜撞奶制作方法,制作没有辣味的姜撞奶呢?

学生:头脑风暴,思考,尝试提出方案。①去除姜辣素、姜醇等辣味物质;②从生姜中分离提纯生姜蛋白酶。

设计意图:课前安排学生动手活动,激发学生的学习和探究兴趣,使学生感受到生物学与学生生活的密切关系,以美怡情,感受活动美,培养学生热爱生活、积极向上的良好心态。

【酶的固定化】

教师:安排活动,提供资料,请同学们想一想——提纯出来的生姜蛋白酶理论上能不能重复利用?为什么?可采取什么方法?

学生:思考、回答,基于酶作为催化剂的特征提出可以将酶限制在一定范围内的想法。

教师:安排活动,提供科研资料,请学生根据图片分析,小明认为固定化酶在碱性环境中容易变性,低温下酶活性不如游离酶,所以不该推广生产,他的说法正确吗?

学生:结合真实证据,思考、分析、判断。两种酶在碱性环境中都容易变性,固定化酶在高温下,酶活性高,有推广之处。

设计意图:以美启智,引导学生基于已有的前概念,分析新情境下的问题,并结合所学进行判断,在发展生命观念的同时,激发学生运用知识解决问题的喜悦之情。通过真实材料分析,发展学生的科学思维和表达能力,通过辩证分析问题,发展学生的批判性思维,呼吁学生基于事实和证据,参与社会问题的讨论,以美化行,发展学生的科学思维和社会责任。

教师反思:在"艺味课堂"的实践中,我慢慢理解了"以美启智"实际上就是为了达成学生的理解而去设计,在真实的情境中提出指向目标的问题,达成学生的"豁然开朗"。如果学生在课堂中能够被激发探究欲,对教师所给的情境线索充满兴趣,那么教学目标的达成便是水到渠成了。课堂学习的高光时刻往往出现在问题解决的时刻,大部分学生都沉浸在知识的获得和解决问题的喜悦中,不得不承认,那种课堂成就感是十分美好的。我知道"艺味课堂"绝不仅仅是情境嵌入这一种教学形式,而且形式只是课堂的一件漂亮外衣。如何通过艺味化的手段吸引学生以美怡情,进而以美启智和培元,最终实现以美化行,内化于学生的思想和行动中,达成以美育人,是我今后仍须探索和努力的方向。

2. 压担子——教研集思

"双新"背景下,教务处、教科室带领教研组、备课组深入细致地研究"艺味课堂"的评价体系,厘清"艺味课堂"和"美感课堂"的内涵与外延,引入增值评价、多元评价思维,提升"艺味课堂"水平,提升育人能力。通过主题教研和教研共同体建设,在内涵界定、实施路径等方面都取得了显著的突破。

以教研组为单位,各学科持续开展美育融合探索,根据新课程、新教材重新编写《罗店中学各学科融合美育指引》,并在此基础上完成了"双新"背景下高中各学科"艺味课堂"突破口与实施路径的研究。"双新"背景下,各教研组以"大单元任务"为出发点开展情境化美育教学和作业设计,关注应用性、综合性、探究性和开放性问题,以培养学生关注现实世界、解决实际问题的能力。在此过程中,美的元素悄然融合其中。各学科集中教研组的力量集思广益,调动教师的美育热情,拓展学生的美育素养。教学设计和作业形式多样,有口头表达的、书面设计的、动手动脑的,也有实地考察的,如化学学科"自制豆腐"、生物学科"制作生物模型"等。这些"脑洞大开"、富有创意的设计不仅巩固了学科本体知识、提升了学科素养,更为重要的是还关注到了学生的个性需求、提升了学生的审美情趣,最后促进了学生全面而有个性的发展。

【地理教研组集思】脑洞大开:不一样的国庆作业

作业设计是教学过程的重要组成部分,"双新"背景下对教师的作业设计提出了更高的要求。传统作业形式单一、泛纸质化,作业量大且效率低,多是重复性的练习,这样的作业设计与"双新"理念背道而驰。新课改中核心素养的提出为学科的作业设计提供了方向和落脚点。恰逢国庆长假,在"双新"的背景下如何给学生布置一个能很好落实地理核心素养、有新意而又适量的国庆作业成为地理教研组思考的问题。

在罗店中学美育办学理念的熏陶下,罗店中学地理教研组大胆进行"双新"实践,给学生布置了一份不一样的国庆作业,激发学生的创造热情。

任务要求:①请同学们从太阳系示意图、太阳结构与太阳活动、地球内部结构、地质年代划分示意图、大气垂直分层和自选项目中任选一个主题,动手制作三维立体模型或手绘平面图。②评价标准是根据作品与地理学科相关性、科学性、美感性、逼真性、创意性进行评价,评价由学生投票互评和教师专业评价两方面构成。

本次作业共收集高一年级十个班共计420份地理作品,其中三维立体模型50份、手绘平面图370份。作品学科知识点涵盖丰富、形式多样、寓教于乐,在培养学生动手能力的同时巩固了学生的地理知识,同时还培养了学生学习地理的兴趣。

本次作业设计和评价体现了美育特色,践行了美育观念。同学们也充分利用了他们在"超轻彩泥""绘画"等艺术课上学到的技能制作模型及手绘平面图,达到了将艺术课上学到的知识与技能学以致用的目的。在学生的彩泥、彩笔下,璀璨的星空、绚烂的星球、多彩的生物无不散发着美的气息,这些都在无形中提高了学生的地理审美情趣和美学素养。

高一(3)班虞家杰同学制作的主题为"泥石流"的模型获得了评委老师的一致好评。泥石流主要发生在山区谷地,泥石流发生区树木和房屋出现一定程度的倾斜和倒塌,且植被(草)覆盖率明显较其他地区少,虞同学将发生泥石流的区域用更深的颜色来表示,此处细节把握得非常到位。

高一(3)班朱亦菲同学的"八大行星"模型给我们呈现了一个璀璨星空,不同的色彩告诉我们每一个行星都是一个独一无二的天体,在物理学科与地理学科的交叉案例中将作品通上电源,我们便可欣赏到壮年期的恒星"太阳"发出的耀眼光芒。

教研组反思:"双新"背景下作业设计需要我们大胆探索,敢为人先。以学校美育特色发展为契机,优化作业内容,创新作业形式,设计多元开放的作业有利于学生个性和全面的发展。在培养核心素养,落实立德树人的同时,提升学生志趣,培养学生发现美、体验美、创造美的能力,助力学校尚美成人愿景,助推学生于快乐中学习,更好地成长成才!

二、辅阵地:多元艺术与社团各显神通

罗中多年来积极探索艺术育人新方式,罗中的美育特色定位是多元艺术特色,即为学生提供交响乐、美术、书法、戏剧、民俗文化多种选择,让学生根据自己的兴趣爱好,掌握一门自己喜欢的艺术特长,发展审美力。

多元艺术课和社团活动是美育的生动载体,为学生提升美育素养,发挥主体性、自主性、创造性提供了平台,但仅仅依靠专职艺术教师,无法实现多元艺术的愿景。俗话说"人人都是德育工作者"。那么人人也可以都是美育工作者。基于校情,学校广泛号召和动员全体教职工,积极参与多元艺术课程和社团活动的开发与设计。

如今,罗中的大艺术课和社团活动在广大教职工的创建下,规模、运作规程、活动规范、管理章程诸方面均已逐渐成熟,开发了民俗技艺传承、篆刻、泥塑、木工制造、戏剧欣赏、电影艺术、武术、形体、摄影、摄像等艺术门类。特色成绩的取得不是一蹴而就的,教职工在大艺术课和社团活动中的自我成长也经历了从1.0的孕育孵化到3.0的转变升级。

1. 转型1.0——孕育孵化

罗中教师不仅上得了"厅堂",也下得了"厨房",在开足开齐国家规定课程,确保高质量的文化学业水平的同时,学校不断开发特色课程。经学校的极力召唤,教师们逐步开始解锁自己的艺术潜能,从2017年只有18位教师报名,到现在已经形成30多节大艺术课和社团活动的繁茂景象。其中,非艺术学科教师开设的大艺术课和社团占据半壁江山,极大地丰富了学校的美育品类。近年学校又不断开发丰富艺术类、学科类、活动类校本课程。在课程结构中,对标未来学校发展,增加了科技类在活动类课程中的权重。

尚美特色创建集结号

致志同道合的同人们:

《国家教育事业发展"十三五"规划》提出构建科学的美育课程体系,改进学

校美育教学,鼓励特色发展。"艺术见长,尚美成人"指明了我校可走美育特色学校创建的发展之路。为改变学校美育只关注艺术技能而忽视全体学生审美素养提升的局面,我校立足形成全员美育、尚美育人的生态格局,助推新时代"立德树人"根本任务达成。

如果您有志于为学生创设一个宽阔的生命发展空间,让每位学生能拥有一门自己喜欢的艺术特长,能感受心灵的陶冶、人格的温润,明大德、守公德、严私德,成为担当民族复兴大任的时代新人,特色课程建设需要您的一臂之力。

在学科教学之余,学校将以大艺术课或社团的形式为各位同人提供广阔的展现自我多样才华的平台,让师生都能获得心灵的舒展,让学生领略教师的艺术风采,也让教师发现学生的别样风貌。相信在各位同人的助力下,罗中美育定将开出绚烂之花,各美其美,美美与共。

课堂上物理老师与同学们沉浸在力与运动的探索中,转身在大艺术课的木工制造中出现他的身影;化学老师与同学们热火朝天地讨论化学反应的奥秘,转身在大艺术课的篆刻台前看见他正专心致志地创造篆刻作品;英语老师与同学们聊着语法语句特征,转身他在社团中带领大家赏析西方古典音乐;地理老师带领同学们分析区域地理特点,转身他在社团中带领"青声说"的成员们为备战辩论赛而出谋划策……甚至是不参与课堂教学的教务老师也热情高涨地投身美育活动中:李老师在为大家调课、排课之余,组建了十字挑花社团,向同学们传授十字挑花技巧;屠老师在发放教辅资料后,组建起沪剧社团,指导对沪剧感兴趣的同学,发扬传统文化。

热爱成长,并收获着
——开设微影视大艺术课和数字媒体创作社团心路历程

创一门特色课程,惠一群兴趣之人。人生中的每一次旅程,都会有美景的收获;人生中的每一次拼搏,都会有经验的收获;人生中的每一次实践,都会有成功的收获。是的,经历过,感受过,才会成长。我要感谢学校让我开设了微影视大艺术课和数字媒体创作社团课。对于我来说,这是一次最好的学习与实践机会,因为它带给我的不仅仅是成长,还有心灵的感动。我感受到了我们学生对微影视的热爱,提升了我个人和学生的审美力,发掘了学生的创造力。一个个项目,一个个活动,一个个作品,被学习着、交流着、欣赏着、创作着,真是"精彩纷呈,热爱有加",一起快乐着,收获着。

2019年我积极响应学校的号召,同时带着对数字媒体的热爱和兴趣,毅然向学校申请了微影视大艺术课和数字媒体创作社团课。虽然本人自认为对数字媒体创作是得心应手,且一直从事媒体和影视方面的设计制作,但是为了上出自己的特色,也为了能更好地在课堂中体现美育理念,要让我们的学生喜欢热爱,确实是一种挑战。我每个星期都绞尽脑汁去精心寻找素材来备课,设计学生喜欢并愿意去做的项目和活动,经常利用周末时间去观看微影视,如抖音、学习强国以及其他学习平台上的微课堂、微讲座等,查阅这方面的书籍,搜集并下载了上千个微影视作品,有大师的,也有学生的。当然只有素材还远远不够,更多的是反复思考教学环节设计和组织,设计出一个个合适的项目与活动,让我们的学生愿意做、乐于做。通过项目与活动让学生在体验中感悟,在感悟中成长,从低阶走向高阶,更注重审美、创意方面的培养。我着重思考如何让学生易于模仿实践,如何自主创作让自己的作品更出彩。技术+审美=创造。审美不行的话,技术再好,也做不出好作品;技术不行也是空想。让学生在探究中懂得欣赏美、发现美和创造美,在展示与交流中懂得作品的主题之美、创意之美、画面之美。

在近两年的大艺术课和社团课摸索与实践中,我经历了各种备课的煎熬与上课的困惑,品味了挑战自我的酸甜苦辣;随着这门课教案、学案的逐渐完善,我终于完成了由紧张到镇定再到自信的心路历程。我也感受到:开设一门特色课不容易,让学生真喜欢更不简单,它需要一个老师长期学习、研究,才不至于为了上一节课而愁眉苦脸、痛苦不堪。"千淘万漉虽辛苦,吹尽狂沙始到金。"当我看到学生课上精彩的表现、一幅幅优美的作品,我心里感到特别高兴,再苦再累也值得。

总之,通过大艺术课的开设,真是收获多多,成长多多。为了以后更多的收获,还得多多锤炼,多多研究。微影视大艺术课路漫漫而其修远兮,吾将上下而求索,继续激情地行走在中学影视课研究的路上,收获沿途的美景。我想:今后的课一定还会更精彩!

2. 转型 2.0——崭露头角

如果说大艺术课和社团创办初期需要量的积累,那么,创办后就要关注质的提升。哪位老师的大艺术课和社团是优质的,谁来评价,学生是最有发言权的。通过调查问卷和访谈,请学生对教师创办的特色从感知、发现、鉴赏、创造美等角度进行评价,再进行数据比对,发现学生各有自己的喜好,对老师们的特色创办促进自我审美力的提升是认可的。其中刘老师(地理)的"青声说"与侯老师(化学)的分子料理实验室尤其受到青睐。

"青声说"辩论赛已走过四年,每年高一社团报名,整间教室,乃至角落里都挤满了报名"青声说"的学生。已从罗中毕业的学子曾回忆,"在罗中辩论队的时光,依然是我最弥足珍贵的回忆"。刘老师也带领"青声说"的团员们,一路过关斩将,硕果累累。

青春正当时,我要大声说
——地理老师与"青声说"

问:刘老师,请问您开设"青声说"的初衷是什么?

答:大学时的我一直勇于去尝试新的领域或者新的事物,想要不断地完善与提高自己各个方面的能力,其中,对我而言最重要的便是辩论。第一次接触辩论的时候,我最大的感觉是惊讶,然后便由心底散发出一种喜爱,之后也就迷上了它。辩论有太多太多的好,我不忍心把这些一口气说完。

来到罗店中学,恰逢我们学校推行美育特色。依托这个契机,我对学校表达了自己想带辩论社团的想法,"青春正当时,我要大声说",我们的"青声说"社团就此诞生。

问:刘老师,请问您如何看待"青声说"对孩子们美育素养的影响?

答:还记得,"青声说"的同学们第一次参加市级比赛的场景。观众、摄像机、评委老师、辩友、主持人,所有人的目光集中在他们身上。由于紧张,他们既意料之外而又情理之中地发挥失常了。同学们哭得很伤心,觉得自己丢脸了。事实上,他们在进步,因为即便紧张,他们在台上仍表现出了高中生应有的仪态,他们的仪态是美的。他们清晰地表达了自己虽不成熟却是思考后的想法,他们的语言是美的,思维逻辑也是美的。他们选择了辩论的方式表达思想,在整个过程中没有粗暴地打断对方的讲话,而是静静地倾听对方的发言,然后再阐述自己的观点,他们选择的形式自然也是美的。当然,最后他们的眼泪也不是因为疼痛,而是因为渴望胜利。正是人们拥有这种渴望,人类社会才得以进步至今。这种渴望岂不更是美的?我们连续举办了几届"青声说"辩论赛,在为辩论队输送新鲜血液的同时,给全校营造了一种热爱思考、热爱表达的气氛,让整个罗中学子都体验到辩论之美,让更多的人爱上了辩论、爱上了思辨美。我相信,这种对于美的追求,将会从罗店中学开始,伴随他们的一生。

问:刘老师,请问您在结缘"青声说"的过程中对美育有了怎样的认识?

答:社团第一次招募成员时,整间教室,乃至角落里都挤满了报名的学生。我从他们渴望的眼神中,开始逐渐理解了美的含义——美不是单一的,而是综合的;美也不是外显的,而是内敛的;美更不是肤浅的,而是深邃的。

图 4-2　刘老师与"青声说"辩论社

在这几年的带队过程中,我逐渐体会到了美育所蕴含的真谛:美的教育是塑造人的灵魂的教育。美对人格结构与智能结构的建构起定向、调节与整合作用,一个人的审美层次决定他的人格结构与智能结构及其创造性才能的发展水平。辩论中的美育是一种立足于培养人的审美鉴赏力的教育。美教会人们对待自己的民族文化,该发扬什么,该遗弃什么;教会人们对待世界文化,该拿来什么,该回避什么;教会人们在这个丰富多彩的价值世界里,如何学会选择、学会学习、学会创造、学会关心、学会生存,进而学会充满思辨精神地生活。美的教育是一种情感教育与价值观的教育。情感是需求是否得到满足而产生的主观心理体验,是人的心理活动与行为实践的动力系统。情感是一个有层次的动态结构,可分为本能情感、审美情感与理智情感。人的情感的发生与成长是一个由本能情感到审美情感再到理智情感的建构过程。

结合社团选择意向表,发现很多学生被分子料理社团吸引,这得益于侯老师创设的一个个与生活紧密相连的社团活动。她多才多艺,能歌善厨,热爱中西方烹饪,闲暇时组织教师美食社团,指导教师制作汤圆、月饼等传统美食,又在学生社团中将美食制作与自身学科相融合,极大地激发了孩子们参与的热情和积极性。每次社团活动还未开始,孩子们就开始好奇侯老师又有什么"新玩法"。她经常制作各种精美甜品"投喂"班级学生,为减缓高三学生的考试焦虑,自制40多个甜甜圈送给每一位学生,为他们加油打气,连老师们看了,都纷纷表示要加入侯老师的社团。这样的社团,这样的老师,怎能让我们不爱?

兴趣是最好的老师
——化学老师与分子料理实验室社团

"双新"课程的实施进一步使化学学科与生活的联系更加紧密。为了提升学生对化学学科的学习兴趣,了解化学知识在生活中的应用,并能用所学的化学知识解决实际生活问题、提高生活技能,化学老师依据自身兴趣与学科专长,开设了分子料理实验室社团。该社团的宗旨就是"生活即化学"。

社团制订了较为系统的活动方案,主要涉及"糖类""元素周期律""食品添加剂""胶体的奥秘""有趣的晶体""冬日校园"等几大主题,并围绕主题开展了一系列的主题社团活动。

通过用不同的糖来制作不同的美食,锻炼了学生的动手能力,进一步将学科知识更好地拓展和巩固;学生通过绘画、黏土、烘焙等不同的表现方式,表达自身对元素周期律的热爱,以及对化学家的崇高敬意;为更好地让学生感受胶体的性质,社团组织学生参观了学校附近的汉康豆类食品有限公司,观摩车间的制作流程,了解豆腐文化,并在课堂上让学生自制豆腐,完成关于豆腐知识的各种调查报告;罗中的校园非常美丽,即便到了冬天也依然有自己的魅力,社团组织成员收集校园里的枯树叶,制作唇膏、护肤皂等,引导学生善于观察、发现身边的美好,学会生活,热爱生活。

图 4-3 侯老师与分子料理社

社团教师反思:通过社团活动的锻炼与参与,学生相互协作、共同完成任务,渐渐有了发现美、研究美的意识,在实际的操作过程中也能改正之前的一些不良习惯。看着孩子们逐步成长,作为社团教师,我感到十分荣幸与开心,希望在今后的活动中师生能够更好地配合,让社团活动能够更加丰富多彩。

3. 转型 3.0——声名鹊起

特色创建过程中,学校的特色教师团队得到了很好的锻炼与发展。教师们不局限于上课辅导,也兼顾编写和完善审美素养读本,致力于将大艺术课和社团由个人的随心所欲向有章程、有规范、专业化转型。

通过教学实践、学生反馈,学校对已经开设的大艺术课程和社团持续跟踪,根据教学实际不断改进课程的质量,对现有的特色课程种类和课程内容进行梳理和优化,留下最为精品的特色课程,真正服务于学生发展,培养学养厚实的美育特色人才,实现美育课程到课程美育的突破。功夫不负有心人,经过师生的共同努力,高峰老师(化学)带领的篆刻社被评为宝山区中学生优秀社团,在市美育特色校的复评过程中,学生的作品得到了审核专家的认可。

方寸之间,彰显自我
——化学老师与篆刻

高老师出生于教育世家,从小就对中国的传统文化——篆刻感兴趣,但由于家庭子女多,经济条件不好,连篆刻工具也买不起,只能自己用钢锯条打磨成一把简易的刻刀进行练习,练习过程中虽然吃了不少苦,但苦中有乐。这一爱好一直伴随着他的成长,伴随着他对篆刻艺术的追求。

图4-4　高老师与篆刻社

为适应新课程改革要求,深入推行素质教育,培养学生实践创新能力,建设美育特色校园,坚持学校"艺术见长,尚美成人"的育人理念,我校积极申报上海市美育特色学校。高老师想利用这一契机,借助自身特长,让更多的学生喜欢上篆刻艺术,提升自身的审美能力,弘扬中国的传统文化。他主动毛遂自荐,承担起学校的"罗溪书韵"篆刻社团的教学工作。他坚持以尊重个性、张扬个性、提倡个性、发展个性为中心,利用大艺术课和社团课时间打造丰富的校园文化环境,弘扬民族文化,为广大学生提供展示自我的空间和舞台。

篆刻社在筹建初期确实遇到了许多问题,首先就是没有专职的教师和教材。高老师虽在年轻的时候对书法和篆刻有浓厚的兴趣,并于工作之余一直在学习和实践,但毕竟没有经过专家的指点和系统学习,只是出于爱好而已。要想开设一门正规的大艺术课,就必须有一个完整的课程方案才行。于是他利用暑假时间,收集资料,拜访专家,参观博物馆,撰写篆刻社课程方案,并为此编写了《线条与形制的艺术》一书,作为篆刻社的教材。而后又编写了《篆刻名家作品欣赏》一书,用于提高学生对篆刻作品的欣赏能力。他将篆刻的知识目标确立为:了解我国篆刻艺术的起源和发展,掌握篆刻印稿的设计和一般篆刻技法,知道篆刻的用途和分类,掌握我国篆刻艺术的章法;将情感目标确立为:通过印章的学习,初步认识中国篆刻独特的艺术魅力,提高艺术修养,培养爱国主义情感。

高老师酷爱篆刻艺术,精心研学篆刻已有几十年。他自从承担起学校篆刻社的教学任务,更是篆书刻印不辍,已养成了以篆刻为乐的习惯,并摸索出一套篆刻艺术的经验。通过社团活动,他将自己的经验传授给学生,促进了学生个性的发展,培养了学生的艺术感觉和艺术气质,锻炼了学生的实践能力,同时也促进了自身专业的成长。

师生社团在创建美育特色学校的过程中,发挥了巨大活力。今后还需要进一步提升现有社团品质,逐步扩充社团种类与数量,满足不同兴趣的学生选择;进一步完善社团运作模式,增加与大艺术课之间的融通,不断提高社团水平;探索构建社团活动与研究性学习结合的模式,切实提高社团创新性学习与活动的质量;在已有的明星社团的基础上继续打造品牌社团,以点带面,全面促进;加强社团成果资料的积累、提炼与推广。

三、微阵地:美育课题研究如虎添翼

学校一直注重科研与特色发展相结合,以美育特色高中创建拓展科研工作的舞台,以科研工作推进美育特色建设的深化。学校教科研工作坚持两个面向:面向实际,重在应用;面向教师,重在实效。结合学校美育特色高中创建工作,加强美育融入教育教学全过程的实践研究成为学校科研工作的重点。罗中鼓励教师积极参与课题研究。在学校特色创建过程中,教师勇于实践、善于思考,在研究中不断完善教育教学实践,真正使美育在罗中落地生根。短短一年时间,学校就形成了美育特色课题群。

1. 主课题——引领深化

新时代要守护好学校美育工作主阵地,使学校美育创建契合立德树人的价值诉求。新时代呼唤有担当的学校勇于突破美育实施困境和局限,深入研究落实以美育实现立德树人的根本任务,为同类学校提供特色创建的范本和参考案例,也为所属农村区域美丽乡村建设"文明乡风"注入更多"文明底色"和"文明基因"。在立德树人背景下的美育需要从更广阔、更深层的理论层面探索其内涵和发展路径,这是新时代学校美育建设的一项重要任务。

2020年科研室主任陈兵老师组建了一支课题申报团队,在团队成员的努力和区教研室的指导下,罗中成功申报市级课题"尚美成人:新时代立德树人背景下农村普通高中美育特色建设深化研究"。该龙头课题为罗中美育特色建设发挥引领作用,树起学校特色科研旗帜。本课题以立德树人、崇德向善、以美育人为导向,围绕"尚美成人"的策略和方法开展深入研究,牢固树立新时代大美育观,构建学校美育工作大格局,完善美育工作协同机制,力求全面落实、全员参与、全人发展,为其他学校的美育发展提供经验。

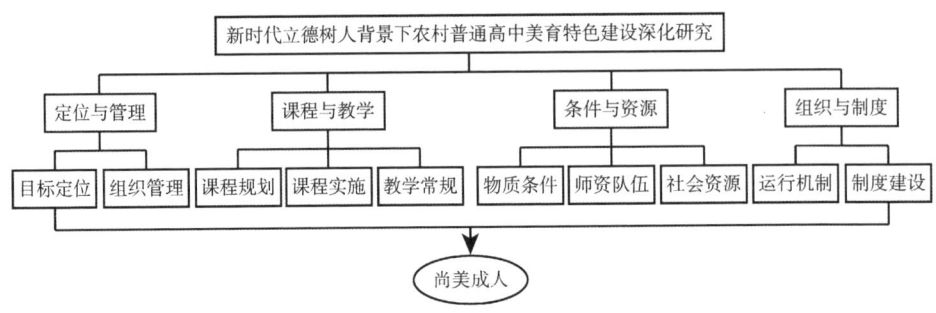

图4-5 立德树人背景下罗店美育特色建设深化研究框架

通过课题申报的磨炼,团队成员在文献综述、研究内容、研究路径和研究目标等开题报告环节的撰写能力得到了显而易见的提升,增强了团队成员自主申报课题的信心和动力。

2. 子课题——辐射落地

在"艺术见长,尚美成人"办学理念的引领下,全体教师开展学科美育课题研究。教师们的研究意识逐步提高,科研氛围日益浓厚,各学科积极挖掘学科美育元素,总结学科教学中对学生渗透审美教育的内容,有目的、有计划地针对美育课程的实施途径、方法和评价进行探索,以切实培养学生审美素质、审美能力,进而提高学生综合素质,并促进教师发展,推进学校素质教育的实施和美育特色发展。

2020年以来,八个课题被列为2021年度区级课题,还有多个在研的校级课题。这些课题涉及语文、数学、英语、化学、历史、生物、心理等多个学科,研究涉及德育、特色课程建设、学科教学、活动美育、乐团建设、心理健康等领域,全方位开展美育特色建设深化研究。学校的科研氛围浓厚,教师开展教学研究的积极性高涨,研究能力提升,成为学校美育特色推进的强大动力。短短的一年半时间,学校已经有40多篇论文在国家、市、区级刊物上发表。

表 4-5 学校美育特色课题群

类型	课题名称	领衔人	级别
子课题	五育并举背景下农村普通高中"尚美成人"课程的建构与实施	许海静	区级一般
	以美育人背景下学校德育顶层设计的实践研究	汪露溢	区级一般
	"以美育心,剧点人生"校园心理剧校本课程研发与实践研究	袁燕敏	区级一般
	图像美融入高中数学课堂教学实践研究	陈双	区级一般
	师生共同体建设下农村普通高中英语"悦说"校本课程应用实践研究	宗琴	区级一般
	中国传统审美观背景下美育融入高中历史课堂教学的实践研究	陈兵	区级一般
	高中生物科学史教学中渗透美育研究	于佳萍	区级一般
	技艺融合:高中信息科技教育教学美育渗透实践研究	杨男才	区级一般
	以社团活动助推高中生古诗文审美力培养的策略研究	吴果恒	校级
	指向审美鉴赏的高中古代散文阅读教学策略研究	林萍	校级
	宝山区版画共同体课程下宝山吹塑版画创新实验	金云华	校级
	高中学生管乐团组建的探索与实践	王雅婷	校级
	学校体育中美育表征及实现路径研究	李恒飞	校级

学校发展的基础是教师队伍的健康发展。美育特色学校的创建使教师内在活力逐步被激发点燃,教师的自我获得感不断增强,尤其是青年教师的发展在近几年取得了可喜的成绩。经过几载摸索,学校积累了丰富的美育推动教师队伍建设的经验。

(1) 搭建进修平台,服务特色课程

搭建进修平台是提升教师美育质量的重要保障,其目的在于为教师提供解决问题的思路和策略,从理念、知识与技能入手,对课程、教材、教法等进行解析,满足教师美育素养发展和个人提升的需要。各科教研员、高校专家学者、民间优秀艺术家等为教师美育素养发展提供专业指导,线上、线下相结合拓展了进修形式,线上讲座传递美育理念,线下项目活动、专题实践深化内涵理解与反思。在各种平台和技术的支持下,推动教师提升美育理解、美育能力,为特色课程走向正轨保驾护航。

(2) 孵化个人爱好,开发特色课程

"双新"背景下教师角色有待转变,教师不应是只会学科教学的单维劳动者,更应是勇于开拓的多维立体的教育者。学校特色发展为教师的立体发展提供了广阔的探索空间。通过学校特色课程开发,不仅最大限度地满足学生全面而有个性的发展,也间接促成了教师的个性发展。大美育实施仅仅依靠艺术教师和校外资源是远远不够的。经调查,罗中大批学科教师在专业授课之余,都有自己的个性化爱好,能够支持学校特色课程的需求。学校经过连续几年的特色招募,为教师多方位大展拳脚提供资金、场地、设备等支持,建立了百花齐放的特色课程群,教师的主动性被唤醒,积极性被调动,创造性被激活,幸福感也得到了提升。

(3) 立足教研并举,优化特色课程

一直以来,一线教师长期关注"教",往往忽视了"研"。特色课程的良性发展离不开有效研究的反馈,仅凭教师的天马行空和满腔热情,这条路无法长远。现有的课程学生是否满意,还有哪些有待改进的方向,如何优化现有课程以满足学生的进阶需求,这些问题的回答都有待研究结果的支持。自罗中市级课题申报成功后,教师参与教研的信心增强了,激情也被点燃了,学校的科研氛围愈发浓厚。学科带头人、教学骨干、青年教师都积极投身到研究的队伍里,目前几乎各学科团队都成功申报了区级或校级有关美育的研究课题。这些课题的研究成果将直接服务于美育课题的完善与改进提升。相信在不久的将来,罗中特色课程在教研并举的举措下会重焕生机,更具魅力。

一支高素质的教师队伍是实施美育特色教育的必要条件之一,优质的师资是美育特色建设的坚实基础。目前,学校在特色建设的背景下,培养了一批善于挖掘学科美育因素、具有一定的审美能力、具有一定的艺术爱好的教师。当然,学校在特色教师队伍建设上仍存有很大的提升空间,今后学校将继续以德业双馨作为教师人才队伍建设标准,不断优化特色培养机制,制订分层分类培训的具体实施方案,量身打造教师的发展规划,助推教师队伍整体素质的提升和骨干领军教师的快速成长,夯实学校特色发展的基础。

第五章

让美育融入学生生命成长

2021年上海市学生艺术团罗店中学管乐团上海罗店学生交响乐团专场音乐会

春华秋实满庭芳。罗店中学从20世纪40年代开始,提出"以美育人"的办学思想。80多年来,学校结合自身特点,以艺术为突破口,以社团为切入口,大胆尝试,组建并建设管乐团,形成"艺术教育塔形模式",打造特色品牌,走出特色办学道路,培养了学生国际视野、艺术欣赏、艺术表现等综合素质,成就了不一样的学生,造就了不一般的"乡村学校"。近年来,"让美育融入学生生命成长"的理念激活了学校艺术教育的发展潜力,拓宽了"以美育人"的体验路径,以"发现美、鉴赏美、创造美"为思路打造多彩育人舞台,以沉浸式体验为主,让艺术之光在闪耀青春的舞台上尽情绽放,在与美相遇的生涯中收获幸福,在乐生创美的道路上懂理知趣。"共鸣源于共情,身入才能心入",罗店中学永赴初心之约。

第一节　重视个体，挖掘美育 DNA

艺术教育作为学校美育的重要阵地,开设满足学生不同艺术爱好和特长发展的课程,在学科教学中培养学生的感知力和鉴赏力,进而强化受教育者的审美能力,开拓人文视野,促进审美意识的发展,提升审美能力和文化修养的同时,彰显了浓厚的校园氛围,将美育 DNA 注入教育全过程。

中学艺术教育不以培养专业人才为目的,而应让每一个学生均能受到良好的教育。罗店中学 1992 年成立管乐团,为想要进一步学习艺术的学子们搭建了一个平台,同时在抓好普及的基础上,重视特长生的培养,做到普及和提高相结合,培养了一批又一批的品学兼优而又有艺术特长的学生。1999 年管乐团被命名为"上海市学生艺术团",成为沪上家喻户晓的艺术品牌。

一、管乐品牌燎原之势

管乐团初创阶段,队员约有 30 人是慕名而来,只为紧张学习之余的"轻松一刻",在没有任何专业背景,凭一份兴趣和志趣相投,大家汇聚在一起自娱自乐。没想到罗店古镇这块土壤竟十分适合管乐的生长,最初的这点星星之火下,学校管乐团不但顽强地生存下来,而且渐成燎原之势,发展成如今沪上远近闻名的管乐团。

管乐团发展阶段,需要有精心的管理为其保驾护航,高标准的管理水平对于管乐团的长远发展有着至关重要的作用。自 1992 年起,每周六,罗中管乐团成员进行各声部的专业课学习,从中挑选出优秀乐手组成校管乐团进行作品合奏练习,即便是节假日也不轻易停课,而这样的习惯延续到今天。管乐团提倡"人人都是乐团主人翁"的观点,确保团员能够规范自己在团队中的行为,提高团员的团队意识。公正严明的纪律能够起到一定程度的约束作用,合理的激励机制能够提高团员的积极性,提升团员的荣誉感,促使管乐团保持良好的风气,激发学生在学习与训练中的上进心。这样的管理即便在疫情期间,也不曾改变。

<h2 style="text-align:center">"疫"不挡道,乐团强音</h2>

过去的 27 年,上海市学生艺术团罗店中学管乐团的假期训练从未停下脚步。第 28 年,管(交响)乐团因疫情被迫携手家长,开启"在线学习"新模式,全力确保学员技艺水平进步,假期生活充实。2020 年 2 月 4 日一早,乐团教师与外聘专家开展线上讨论,群策群力,借助微信群,以音频和视频上传学员作业,一对一指导,按学情推进教学内容,定期家校互动,评估反馈学员训练成果。"在线学习"的教学模式对师生来说都是一次全新的尝试与考验。学生是否会按时交作业,不擅长电脑的教师如何记录作业情况,什么方式能更有效地反馈……诸如此类的问题困扰着不少的乐团指导教师和学员家长。第一周尝试,就完全打消了指导教师的顾虑。各声部群叮叮咚咚,陆续收到了大家丰硕的宅家"成果"。教师们不厌其烦,总能在第一时间给予指导意见,遇到说不清的问题就拍视频亲自演示,学员们茅塞顿开。年纪大的乐团指导教师戴起老花镜,逐行逐个地执笔记录,认真的工作态度感动了不少家长。21 名指导教师的并肩坚守是共克时艰的乐团强音,360 名学员的携手奋进是乐团稳步向前的最美见证。

优良的师资队伍是提高教育质量的必要条件。乐团采用"请进来,走出去"的方式,请外聘专家固定时间来校指导,同时也鼓励本校教师走出去。随着学校管乐团的影响力增大,周宝良、王雅婷等教师也经常受到多方邀约,或者担任评委,或者指导排练,输出罗中的特色创建经验,同时与同行交流学习,多方位地进行强化培养,提升专业技能。多层次的高素质师资队伍,为学生的专业学习和学校管乐团发展提供了人才保障。

合理的课程规划让学生在管乐学习中,学会了音乐方面的知识技能,感受到音乐艺术的魅力,认识到团结互助的力量;校园演出、市区级比赛、社会公益表演、对外交流等多平台的管乐表演开阔了学生的眼界,使演奏者通过表演来传递艺术之美,加强美育意识的养成并将艺术教育审美化。

随着管乐训练排入学校课程,教学和教材系统化、正规化已成当务之急。在多年的实践中,在多位领导专家的帮助下,校管乐团已基本形成了一整套的训练计划、内容及相应的教材,并经过多年的筛选,形成了从音乐赏析入手,以视唱、乐理为基础,以合奏训练为主线的教学体系。这为学生终身学习打下扎实基础,在管乐教学中发挥了良好的效益。

管乐团高光时刻,怎样将管乐演奏之美更好地进行传递需要平台、机会。除了在校园的各项活动中进行展示,带动学生热情,营造校园气氛外,1995年以来,管乐团积极参加比赛,分别获得国内外一等奖等30多个奖项;多次在上海音乐厅、上海大剧院等地举办专场音乐会;赴境外进行交流,获得优异成绩。建团以来,罗店中学管乐团一直活跃在各类大型社会活动中,收获了良好的社会声誉,曾被评为上海市百家非职业性群众艺术团体、上海市百家市民乐队。

30年来,罗店中学管乐团已形成了从预备班到高三有序的发展阶梯,常年保持在360多人的规模,演奏水平也达到了相当的层次。2018年在管乐团的基础上,整合罗店教育集团资源,开设弦乐班,逐步推动管乐团向交响乐团发展。

罗店中学管乐团是一代人的梦想,是一代人的回忆,是一代人的青春,更是几代人的坚守。管乐团让更多的学生掌握艺术技能,养成艺术感知、情感表达,以及审美情趣、文化理解,在不同的平台上绽放璀璨光芒,潜移默化地提高了学生的艺术品位,以美怡情。

与音乐泰斗面对面
——著名指挥家曹鹏先生"零距离"指导罗中学子

2021年8月4日,中国著名指挥家、国家一级指挥曹鹏,上海学生交响乐团艺术执行总监曹小夏,上海管乐协会首任会长程寿昌,国家一级小号演奏家王学平,上海纽约大学教授程悦一行应邀莅临罗店中学,指导管乐团训练。

95岁的曹先生的腿不能长时间站立,从车上下来由女儿曹小夏搀扶着他,拄一根黑色的手杖,戴着金丝边眼镜,精神矍铄地走入排练厅。当他站在指挥席上那一刻,他扔掉了手杖,身板挺立,拿指挥棒的动作潇洒标准。面朝乐队,曹先生翻着乐谱,边指挥边讲解,十分投入。活动后我们问之,他回答:"一到指挥席,我就95变59了。"在指挥讲解中,他能准确指出某个小乐手的音准不佳。我们十分惊讶于他耄耋之年的听力是如此犀利。他说"你的手要长在别人的耳朵上",以强调乐队团员之间的节奏和谐。"对于管乐团而言,音准尤为重要。所有声部的同学都需要用心聆听,把音准往首席身上靠,才能得到较为统一的音准。"他先分解曲目中各种乐器代表的情绪、含义,帮助学生理解整段曲目所讲述的故事与表达的情感,然后重新演绎曲目,让学生深入浅出地学习音乐知识。现场的学生都目不转睛地盯着舞台,听得津津有味。

"曹鹏先生讲得太好了!这是我上过的最有意思的音乐指导课!""曹鹏先生虽然年逾90岁,但是身体依然健朗,在他的指挥下,只听'咚'的一声,大鼓将整首乐曲领入了高潮。单簧管、双簧管、小号、圆号……各种乐器的声音此起彼伏,营造出一种宁静而和谐的氛围。我想,这就是艺术的魅力吧!"……罗店中学管乐团成员纷纷表示,此次专业指导令人受益匪浅,让他们深深意识到,只有不断练习、突破自我,才能达到更高的演奏水准。

原计划15分钟的活动,曹先生倾情投入了40分钟。曹先生留给罗中的不仅仅是音乐,还有极为珍贵的人格力量。

新老队员偶遇上海交响音乐厅

2021年7月26日,上海学生交响乐团及联盟十周年专场音乐会、上海学生交响乐团讲解音乐会DVD首发仪式在上海交响音乐厅举行。上海市学生艺术团罗店中学管乐团作为本届上海学生交响乐联盟盟主单位参与了活动。正式演出中,罗店中学管乐团的演奏得到了线上线下听众们的一致肯定,完美落幕。同时,专业团队的精彩演奏让团员们也深深意识到山外有山、人外有人,要不断练习、突破自我,追求更高的演奏水准。令人惊喜的是,在现场看到很多当年熟悉的乐团成员的面孔。薛亮、王利波、吴泳佳、沈叶、俞雯靖、赵倪君、沈亦闻、陶玉靖8名罗店中学校友,参与了上海学生交响乐团及联盟小号手共同带来的

《小号重奏：音乐会的号角》演奏。他们当中年龄最大的已经是两个孩子的父亲，于他们而言，这已经是他们生活中的一部分。管乐学习为他们打开了一个全新的世界，让他们与美结缘，终身受益。

如今，罗店中学管乐团在上海市享有较高的知名度，是学校艺术品牌、区域艺术特色的标志。它的良好成效带动了版画、书法、篆刻、舞蹈、木工等多元艺术社团以及区域艺术教育的共同发展，让美育呈现"一枝独放不是春，百花齐放春满园"的靓丽风景，推进了校园美育建设。

罗店版画被罗店中学申请为宝山区非物质文化遗产

罗店版画社入选2021年同济大学"制汇"嘉年华展示活动

罗店版画社在第十五届上海教育博览会新时代美育展中被评为"十佳"美育活动社团

舞蹈社排练的舞蹈多次在宝山区学生艺术节获得一等奖、在上海市学生艺术节比赛中获二等奖

青鸟文学社在上海市中学生社团青春风采展示活动中获得二等奖

辩论社在上海市青少年健康教育活动中获得三等奖

翰墨篆刻社获上海市宝山区中学生优秀社团

微电影《破茧》在上海市高中生未来杯微电影大赛中获最具人气奖

微电影《蜕变》获第二届中小学生十佳微电影

美术社获宝山区学生"明星社团"称号

足球社获宝山区学生"优秀社团"称号

……

罗店中学师生多年的共同拼搏结出了鲜美的果实。罗中人珍惜这些来之不易的成绩，却不会骄傲自满。对罗中而言，审美教育不只为高校培养艺术专业人才，而且致力于丰富学生的审美经历，提升全体学生的审美素养。在努力探索"让美育融入学生生命成长"的道路上，罗中人秉持精益求精的工匠精神，让学生"营养"丰富均衡，充分发展、健康成长。

二、追忆往昔以美传情

高中生涯,在人的成长中只是一瞬,但在每个罗中学子的心中,都是一份沉甸甸的回忆。特色教育让大家懂得了坚持,在感知、鉴赏、追求真善美的道路上收获"锲而不舍"带来的成功的喜悦,绘就青春时代绚丽灿烂的一笔。对罗店中学来说,"以美育人"是一个时代的回归,一种态度的坚持,一份极致的始终如一。学生在教育的浸润中发现点滴美,促进人格的完善、心灵的升华,为终身发展与人生幸福奠定基础。

☆校友感言

还记得 20 多年前,当年的那群娃娃们首次站上了上海音乐厅的舞台,成功地奉献了一场音乐会。在那个近乎没有网络的年代,媒体给了个醒目的标题——农村娃玩起了西洋乐。没错,作为一个农村出生的小孩,我捧起的不是一把普通小号,而是一条改变我人生的锦鲤。

最直接的表现是管乐团改变了我的升学轨迹。在当年艺术特长生在中考和高考都有明显优势的背景下,正是在它的帮助下,我从一个默默无闻的农村小学校,一步一步踏入了重点高中和名牌大学,为我的人生职业站上了一个比较高的起点。

作为罗中管乐团曾经的一员,长大后的我得到的不仅仅是简历上所能填上的一技之长,也不仅仅是能够在公司年会上向领导同事展示自我的机会。它带给我的是一份登台不怵的气质、团队协作的配合和临危不乱的稳重。更重要的是,它给了我一群具备同样气质和稳重的伙伴,能够在一生的道路上互帮互助,携手共进。

尽管现在能够花重金配上一把当年遥不可及的高档乐器,而却已经没有了当年的娴熟技艺,可是每当能够有登上舞台的机会,哪怕再也当不了主角,甚至是在台上当个南郭先生,我也会排除万难,从繁忙的工作和家庭事务中挤出足够的时间,去珍惜这么一次登上舞台的机会。随着指挥棒的节奏,听着各个乐器各个声部的此起彼伏、相互辉映,这种美好是不懂音乐的人所无法理解和享受的。

罗中的美丽校园和记忆中的排练厅,多次出现在我的梦境之中。以前总觉得每周的排练是比别人更多的付出,现在方知那份经历是别人所无法觊觎的。如今我开始督促自己的下一代走上这条音乐道路,也希望他们能够在自己的青春岁月中得到这份幸福。

——王立波(上海交通大学毕业)

音乐,如果你把它作为一种爱好,这种美是相伴终生的。乐队指挥家程寿昌先生,如今也是高龄了,一直致力于上海申城爱乐交响管乐团的建设,致力于管乐在青少年中的普及。大学乐队的指挥家曹鹏先生,已95岁高龄,仍然可以全国各地跑,半坐半站着指挥整场音乐会,向普通市民普及交响乐。倒并不是说学音乐的一定长寿,但是,我相信音乐确实能带给人们健康与快乐。内心快乐的人,外在所体现出来的气质也是积极向上的,也是美的。而快乐美好的成长,不正是我们所一直期盼的吗?"乐"来越美,这是我给这段经历定的基调,主要还是想表达:我的世界因为有了音乐而愈发美好。

——张杰(上海交通大学毕业)

面对工作的大局观就好像当初素描练习中老师所强调的整体,有了对整体结构关系和明暗关系的把握,才能进行下一步的精雕细琢;而激活团队形成良好氛围,则需要将感性思维融入理性的工作中,运用职权因素外的手段和方法协调工作中的难题。如此,感性思维和理性思维不断地碰撞,经常带给我新的认知和触动,这都是当初的美育所带来的积极影响。在罗中学习期间,母校厚重的文化底蕴和浓浓的艺术氛围潜移默化着我。在金云华老师的悉心指导和谆谆教诲下,我不仅掌握了艺术绘画的技巧,树立了正确的艺术审美观,更埋下了感性思维的种子,而至今这种思维所带来的影响仍让我不断受益。

——朱晓磊(同济大学毕业)

第二节　引领个体，释放创美 DNA

美育是一种灵性的启迪，是一种个体生命的绽放。它浸润在课堂内外，渗透于学习生活的方方面面。它不限于艺术教育，而是关于美的一切教育，通过引导个体自我发现，让学生在感知美、鉴赏美的基础上，追求和创作美好的事物，在认识美、体验美的基础上，进而表现美、创造美。罗店中学始终坚守"让美育融入学生生命成长"，用现实生活中的美好事物激起学生的创美 DNA，让学生在实践体验中成就更美好的自己，为幸福人生奠基。

上海市艺术教育委员会曾倡议组织"'艺'起记录，'石'刻担当——2022年上海师生抗疫篆刻作品征集活动"线上展览，在"罗溪书韵篆刻社"指导教师高峰的指导下，高二(5)班周真乐同学的篆刻作品入选线上展览第七期。篆刻的印面是"疫散静待花开沪上"，边款为"愿山河无恙，人间皆安"，其表达的主题是向抗疫一线的医护人员与社会各界人士致以敬意，留下时代印迹，鼓舞抗疫斗志，增强抗疫胜利的信心和决心。

于周同学而言，社团的开展让她发现了新的学习领域，感受到了篆刻文化的内涵美，并愿意通过感知、鉴赏，用自己的想法进行创意表达，抒发对美好生活的情感。整个过程激发了学生学习的兴趣，提升了审美体验，找到了追寻人生幸福与价值的路径，而这正是"以美育人"最大的收获。

通过外出研学增广见闻是学生假期生活的重要项目。在课程教师的指导下，研学小组成员进行头脑风暴，各展所长，实现有趣的创意物化。他们在完成探究性小课题的过程中感知中国传统文化和现代中国精神，体验传统美食、非遗手工，提升发现问题、分析问题、解决问题的能力，激发个体对历史、文化和生命的敬畏，培育中国视野。学校紧紧抓住校内外每一次供学生探索生活的机会，用美来温润学生的眼睛和心灵。

☆研学之旅参与者吴敏芝感言

随着"四史"教育的不断深入推进以及疫情的逐渐好转,我们就近对学校附近的罗店古镇进行了一次研学活动,对这拥有 700 年历史的艺术之乡进行了一次文化的诠释和回顾。

在此之前,我们驱车前往宝山国际民间艺术博览馆。宝山国际民间艺术博览馆是国内唯一一家以展示世界各国各民族的民间艺术、民俗文化为主题的文化艺术类场馆。在馆内,我参观了极具各国特色的展厅,但最令我震撼的是海上宝山厅和中国馆。我听着馆内专业人员的讲解,领略了海上宝山厅的龙舟竞渡、江南水乡和中国馆的投壶之礼、乡音未改,内心骄傲油然而生。我想这就是我们每个人的心底与生俱来的中国式情怀。而观摩了各国的文化后,自觉眼前虽领略了世界的广阔,心里却依旧装着中国的大好河山。

中午,我们重新回到学校,跟随罗店花灯非遗传承人朱玲宝老先生来亲手制作花灯。朱老先生先向我们讲述了罗店花灯的相关历史——罗店花灯艺术源远流长,自明代起已有数百年历史。在这次研学活动之前,我在学校开设的艺术课程中便已经在朱老先生的指导下,亲手完成了一个花灯。但惭愧的是,在花灯完成之后,我从未想过要去了解这一民间艺术。在听完朱老先生的介绍之后,我怀着一颗想要深入探寻中华民间艺术的赤诚之心去重新了解这位"老朋友"。由于时间有限,朱老先生给我们提供的材料是他已经制作成形的钢丝。手中拿着一摞钢丝,我的脑海中浮现的是艺术课上,我制作花灯框架时的艰辛。也正是体验过这一过程,才更加敬佩朱老先生的精湛手艺。

那亲手制作的花灯在阳光下被照耀成一抹灿烂的金色,令我难以忘怀。记忆的角落里,有突如其来的柔软闪现,而又熄灭,这短暂的闪烁终究会留下些什么,是中国民间艺术的美吗?我们的古老手艺随着岁月的流逝而慢慢掩藏于尘土之下,遥远而模糊。唯有我们灿烂的传统文化、民间艺术,无法让人忽视,在新时代谱写中国独特的内涵!

当然,在这一研学活动中,小组内的团队合作也是必不可少的一部分。活动前几天我们一起查阅了有关罗店花灯的资料,活动过程当中四人分工合作完成活动的文字和图片记录以及活动之后的总结记录。这次活动增强的是我在课堂上学不到的团队协作能力,让我能够发自内心地愿意为文化传播与传承作出贡献。

脚下走过的探寻之路,就是心中的传承路。

"微电影拍摄"是罗店中学学生喜爱的活动项目之一。每次微电影的拍摄从剧本撰写、剧组招募、剧目排演到最后的剧终大讨论,实现"沉浸式创造"的"全员育人、全程育人、全方位育人"。这个活动模式让人人有戏、个个有角成为可能,注重深度体验、敢于创造的学习活动在不同层面随时展开。人人都是角,个个都出彩。一部剧的演员人数有限,为了让更多的学生得到锻炼,每部剧均采用自我报名的方式,以剧本投票、演员 PK、TED 演讲等形式展开,以促进同学间的自我学习、自主交流与相互借鉴。同时除了主要演员和导演以外,还需要很多工作人员。微电影拍摄还设置了导演助理、舞台监督、灯光设计、道具制作、音效剪辑、文案宣发、摄影摄像等十余个工作岗位,公开面向全体学生进行招募。可以说,每一次的微电影拍摄都凝聚了许多学生的智慧。

剧本有限,学习却是无限的。每一部剧背后都蕴含着丰富的人文知识。学生在演出前,先要知道自己扮演的是谁,这个人物生活在一个怎样的时代,这个人物为什么会有如此举动。当想要演活一个角色时,则需要进行大量的案头工作。正式拍摄时,自主学习和自我探究就开始发生了。通过一次次的尝试,学生进一步感受到剧中人物的人格魅力,探究其背后的时代特征和社会价值。微电影拍摄的综合性将具有不同潜能的学生凝聚在一起,让学生在这个过程中获得美的体验、文化滋养和意志磨炼。演员在拍摄的几个小时中,让自己扮演别人,从而产生共情、产生宽容。剧目拍摄完毕,所有演员及工作人员在观剧后参与讨论、引发思考、形成见解,进一步挖掘戏剧育人的功能。有人说过:"接触过戏剧的人,懂得与生命和解,因此更能绽放生命的光芒。"学生在创美过程中展示出的阳光、热情以及高中生应有的朝气,正是"美育"最好的标签。

这就是在追求真、善的基础上达成美的最高境界——至善至美。罗店中学的学生不仅会欣赏美、感悟美,更能体验美、创造美,创造了《繁星》《蜕变》《破茧》等一部部原创微电影作品,用发现美的眼睛去策划大大小小每一个活动。热烈的语言交流、创意的合影照、唯美的邀请卡,每一个环节无不彰显着美。美的环境、美的礼物,全程体现的是人文之美。美在形式、美在理念、美在典型、美在关系,罗店中学努力汲取各方养分,打造一所充释着美的校园,让学生在知美、爱美、会美中感受校园生活的幸福。

第三节　五育融合,赋能育美 DNA

美育是全面教育的升华。审美教育是与德、智、体、劳诸育并列的一种独特的教育方式,是对人进行心灵塑造的教育活动,使之和谐、均衡、健康发展。

高中阶段是学生三观渐成、品格完善、能力培养、自主发展的关键时期。为发挥好美育这块"磨刀石",力求将美育的 DNA 输入每个学生的学习生活中,"让学生在美的感悟中成长,让每个生命体得到最佳发展",罗店中学凝聚全校美育力量,围绕"审美立德、文化立身、实践立行"的育人内涵,打造"寻美""悦美""思美""行美"四美舞台,开发美育德育相融主题,设计美育体育相融活动,融入文化寻根探究,促进润物细无声的五育融合,致敬真善美,赋能成长未来。

一、"四美"空间以德育人

秉承"扎根学生的生活场域,符合学生成长需求"的宗旨,确立"寻美"的行走主题,构建"一碑一人一馆双城"的行走空间,近距离触摸历史,汲取红色营养,用"寻根·寻志·寻梦"温润学生美丽心灵,将实践主题纵向挖深,实践空间横向拓宽,培养学生与他人对话的能力,与家国感应的能力。

☆**参与者感言**

曾经的我们对于"共产党"这一词汇,印象大多仅局限在"毛爷爷"、陈独秀、李大钊等这些家喻户晓却又了解甚少的人物之中。讲解员生动的解读把我们带入更深的层次,让我们认识那些支撑起中国共产党的伟人,了解中国共产党发展中的艰辛历程,懂得以党史为鉴,学习"以纪治党",并践行到我们的学习生活中。除却解读外,那陈列在馆内的一页页泛黄的报纸,一件件先辈们的旧物件以及那一张张年轻而又严肃沉稳的旧照片,无一不触动人心。空气也仿佛随着参观的一步步深入而变得凝重、肃穆。看着缅怀墙,恍然间仿佛看清了那些人物、那段历史,这时候一句话真正地得到了验证——中国共产党的百年历史是一部丰富生动的教科书。

——学生会主席高欣怡

"不忘初心,继续前进。"在和平年代出生的我们正值年少,我们要向革命先烈学习并铭记青年英模们自强不息、奋发向上的精神品质,让理想之光不灭、信念之光不灭。我们懂得幸福生活来之不易,更懂得自己身上所肩负的历史责任和历史使命。我们也更明确了我们前进的目标,更坚定了我们前进的步伐。先烈用热血与青春拯救祖国,我们使用智慧与汗水建设祖国,成为合格的共产主义接班人。

——参与寻访活动的学生李秋雨

创造"悦美"活动空间,见证每一届罗中学生从稚嫩到成熟、从共情到共鸣、由"知"到"行"的转变。活动注重学生自主、学生实践、学生间的互相影响和文化熏陶,让学生在实践中提高生活感知力、审美感受力,陶冶美的人格,提升多元发展。

☆2021届毕业典礼毕业班有话说

高三(1)班:青春的美丽与珍贵,在于它的永不重回,见证最骄傲、最浪漫、最无所顾忌的我们。

高三(2)班:愿三年的共同记忆能填补所有的遗憾与不舍,挥挥手,潇洒地向过去告别,迎接更美好的人生。

高三(3)班:从学农到成人仪式再到今天,视频剪辑虽显稚嫩却弥足珍贵。

高三(4)班：愿我们在彼此追寻梦想的地方各自安好，熠熠生辉。

高三(5)班：少年如虹，未来可期，希望未来的我们闪闪发光！

高三(6)班：愿我们点亮人生之灯，照亮通往成功的道路，一帆风顺，毕业快乐！

高三(7)班：如果有一天时间真的能倒退，我愿意回到相遇的那天，再说一遍——七班，你好！

高三(8)班：愿屏幕上的每一帧画面都能烙印于心底，成为心中最美好的记忆。

厘清生涯路径，充盈自我效能，立报国之志。罗店中学开设"思美"活动课，帮助骨干学子规划未来升学方向与职业目标，在学习和生活中培育核心素养、创新精神和实践能力，关心时代发展变迁，坚定为国为民服务的信念，成为实现中华民族伟大复兴的先锋力量。

☆**学员有话说**

唐奕涛：作为新时代的青年，我们应树立正确的价值观，从历史中汲取优秀的红色精神，紧跟党走，学习"四史"，做新时代的优秀青年。

施忆玟：我们要树立正确的世界观、价值观，拥有正确的意识形态。作为青少年，我们要坚持党的领导，紧跟党走，炼铸红色青春，展现青春担当。

同毅：牢记"四个自信"，树立正确的价值观，坚定跟党走，炼铸红色青春，展现青春担当！作为学生，我们应努力学习，为实现中华民族伟大复兴而奋斗！

王蕊蕊：身为新时代新青年，我们应该积极践行社会主义核心价值观，听党的话跟党走，为中华民族的伟大复兴贡献绵薄之力！

唐祺欣：我们应该树立正确的人生观、价值观，在该奋斗的年纪勇于拼搏，敢于向上！

注重养成教育，促进学生自主发展，实施内化于心、外显于行的美德教育。"行美"活动资源库中的上海市小学生爱心暑托班志愿服务深受学生欢迎，得到了社会的肯定和学生家长的热捧。罗店中学每年近60位学生服务在罗店、罗南、罗泾三个办班点,社会实践基地落实"育心"工程,引导学生完善人格,管理自身情绪,健康成长,将理想信念教育和社会主义核心价值观教育走深走实。

☆爱心暑托班之"小爱暑"张翊然有话说

有人问我:"为什么要去当爱心暑托班的志愿者?"有人问我:"是在家打打游戏看看动漫不开心吗?"还有人问我:"既然是无偿服务,没有回报,那这么做有什么意义呢?"甚至有一位与我同期参加志愿者服务的朋友也发来消息问我:"带小朋友这么累,你OK吗?"问题太多了,我不知该从何答起,但是有一件事是肯定的:我从来没有后悔参加这个志愿活动。

在我眼中,小朋友们是这个世界上最可爱与神奇的生物!他们的想法是天真的,他们的心思是单纯的,他们的性格是直率的,他们的每一个举动、每一个表情,举手投足间反映出的都是他们的纯真。与他们在一起,你会觉得很舒服。比如,当他们很喜欢你时,他们并不会遮掩自己的感情,反而一蹦一跳地向你跑来,调动身体的每一个小零件来紧紧抱住你,牵起你的手轻轻摇摆,把自己最喜欢的东西送给你(即使这些小东西在你看来是那么微不足道)。这时你的心仿佛像是被蜜包裹着一般,这是一种快乐,也是一种满足。当他们遇到问题无法解决时,他们会第一时间想到你、找到你、请你帮忙。你可以在他们的眼中看到渴望、期待与信任,你能够感受到他们对你的需要与依赖。当然,并不是所有孩子都是乖宝宝,每个班上总会有那么几个调皮捣蛋的小鬼。看着他们做完错事对你小心翼翼、唯唯诺诺的样子,你会觉得又好气又好笑。即使他们为你添了麻烦,你也会觉得那是一种可爱的小麻烦。

历练结束了,可是担忧也随之而来,既担忧新来的下一批志愿者,也担心小朋友们。新来的哥哥姐姐能够照顾到每个小朋友的小习惯、小细节吗?会不会忘记消毒、测温、打扫卫生呢?会不会犯一些我们曾经犯过的错误?如果我走了,平时需要我盯着写作业的小朋友能够自觉完成作业吗?谁会去哄那些爱哭的小朋友呢?谁会去催促不爱吃午饭、不喜欢喝水的小朋友吃饭喝水呢?

周五时有个小朋友在走廊上拉住了我:

"姐姐,你是要走了吗?"

"嗯,对呀。"

"不要走好不好? 那你下周还来吗?"

"如果有空的话,姐姐会来看你们的。"

"那你下周一定要有空哦,我们等你……"

大大的眼睛,小小的不舍。

游戏与动漫带来的快乐只是一种简单的快乐,而志愿服务带来的快乐却并不简单,正如我们的口号一般,"爱心暑托班,快乐不简单"。答应了小朋友的事怎么能出尔反尔呢? 于是在对孩子们的喜爱之心与责任心的驱使下,我决定申请再当一周志愿者。

二、"三维"情境以劳育人

陶行知先生曾创编一首儿歌:"滴自己的汗,吃自己的饭,自己的事自己干。"生活即劳动,在劳动中学会自主、合作,也就学会了生活。学生学会用双手和心灵丈量世界,也为其今后勤奋劳动、诚信劳动、创造性劳动并获得美好生活奠基。新时代的劳动教育有着更丰富的内涵和拓展的外延,对学生来说不仅是技能训练,也是思想锤炼,更是成长成人的必由之路。

作为实践育人的重要内容,劳动能增强学生的社会责任感、创新精神和实践能力。罗店中学赋能资源情境,拓展实践空间,打造以情育人的劳动实践活动。学生在共学、共做、共生活的三年中,身体力行地弘扬劳动之美,用伟大的劳动精神促进自身实现从共情到共鸣、由"知"到"行"的转变。

1. 站稳主阵地"课堂",以劳为乐

志愿服务对树立学生正确的价值观、提升实践能力、树立人生理想具有重要意义。学校积极提升 60 学时志愿服务的课程内涵,内容分社区服务、秩序维护、助老扶幼、公益环保、大型活动赛事。全体学生注册为上海市志愿者,志在我心,愿在我肩,以劳为乐。

一是横向联动,为学生做好嫁衣。凝聚学校、社区、基地三方智慧,根据地域文化特色，按资源与时节创设岗位，按兴趣与能力分配岗位。二是穿针引线，重视岗前培训。对学生的语言表达能力、团队协作能力、应对突发事件处理能力等提前辅导。三是换位思考，珍惜劳动成果。志愿服务项目切实帮助学生感受"助人""悦人""乐己"的劳动意义，如雀巢水资源项目、养乐多工厂、乡村少年宫、爱心暑托班、社区图书馆、体育联赛、社区平安志愿者、管乐艺术节志愿者等。

2. 探秘大学堂"社会"，以劳育心

"纸上得来终觉浅，绝知此事要躬行。"没有亲身经历，就无法洞悉现今就业的真实状况。行万里路不如阅人无数，唯有走近匠人的劳动世界才能触摸最真实的劳动品质，以劳育心。

"古镇职业探觅"项目让零工作经验、零社会阅历的学生走进古镇，来一场间接却又高效的职业体验。项目组策划活动方案，召开预备会，设计访谈提纲，组织学生走访古镇人，走近古镇职业；锁定职业访谈对象，探寻不同工匠背后耐人寻味的生涯故事，凭手艺吃饭背后鲜为人知的艰辛。学生过把记者瘾，根据任务单完成一份职业人物生涯访谈报告、一组职业生涯访谈现场照片、一场生涯报告分享会，作为实践成果。

3. 焕新探究坊"实验室"，以劳尚美

新颖的研究性学习项目使劳动教育形象化、生动化和时尚化，学生在体验创造性劳动中传承民俗文化，掌握先辈积累的文化成果，创立新知，以劳尚美。

（1）创罗溪庙会，设古镇作坊

罗溪庙会复刻古镇庙会情境，活灵活现地展示"看、玩、吃"体验项目。各班集思广益，特色鲜明的作坊应运而生，如花灯坊、小荷染坊、四联书院、版画室、龙船坊、花神庙等。

（2）制花灯龙船，促文化传承

创新实验室里，罗店非遗传人朱玲宝带领学生制作花灯。通过选料、定型、扎制、粘贴、串珠及手绘，铁丝变为初具雏形的框架再到五彩缤纷的花灯，成就感油然而生。龙船模型拼搭及涂色也让人跃跃欲试。

(3) 一本浓缩今昔的文献

学生以文献资料中"龙船节"文化为突破口,查阅古籍资料、历史文献以及当代著作,搜集古镇主要历史建筑物的遗址及相关信息。此外,搜集古镇地理、水文、经济、工业、交通、社会事业、文化艺术等信息,形成调研报告。

(4) 一张能说会道的地图

城市化脚步加快使罗店遗迹受到冲击,学校指导学生开展故址探究。如寻找《罗店镇志》中清人所绘的地图中主要建筑的空间位置,挖掘罗店镇主要历史文化信息;利用 ArcGIS 软件制作清朝罗店镇地图,以寺庙文化为辅线,以古宅院落为支线,用多媒体软件加载文字、图片、视频等信息,绘就一张动态、直观的电子文化地图。

在罗店中学,学生不仅要学会学习,更要学会生活,还要生活得美好。学校积极实践"走向生活的学校德育",有机整合各类实践资源,深度挖掘罗店镇丰富的人文养料,因地制宜地创设面向全体学生的各色实践载体。当劳动教育融入学校育人工作各环节时,就能实现清晰明确、可行性强、实效性突显的顶层设计。

习近平总书记强调:做好美育工作,要坚持立德树人,扎根时代生活,遵循美育特点,弘扬中华美育精神,让祖国青年一代身心都健康成长。美育不是一蹴而就的,需要长期的积淀养成,需要营养丰富的课程建设、多姿多彩的课外实践和立体开放的锻炼平台。罗店中学始终围绕"让美育融入学生生命成长",让学生在自然之美、文化之美、生命之美中丰富思想、塑造品格、汲取力量,从而更好地热爱生活、乐于求知、敢于创新,为创造一切美好的事物而奋发向上,以美培元,为学生的终身发展与幸福奠定基础。

在前五章里,我们讲述了罗中美育的 80 年历史传承,美育理念的发展与梳理,如何开发与理念匹配的特色课程,特色课程如何融入国家课程,教师队伍是如何培养建设的,课程与理念是如何在课堂落地的,罗中毕业生回忆起高中时代美育对他们有着怎样的启迪。即将掩卷,我们的思绪却一时收不住:特色高中的命名是学校美育的驿站,未来的罗中将如何前行,怎样才能给每一个学生更好的生命张力,以更加适应未来社会的发展,我们在行动中思考!

附录

美育融入学科教学案例集锦

罗中美育特色的创建是个系统有机的过程。前五章主要是从美育的缘起、传承、定位、机制、课程、师资、资源、保障、辐射等维度进行阐述,而要更加全面地了解罗中美育,则需要一线教师的课堂教学案例来支撑。近几年教师们根据自己的美育实践撰写了大量美育相关案例,我们从中按照学科选编集录于此,所选案例主旨是学科融合美育或者"艺味课堂"的具体实施。

高中各学科蕴含了体现华夏美育精神与审美特质的丰富资源。我们通过学科融合挖掘其中的礼乐美、语言美、行为美、心灵美、科学美、秩序美、健康美、勤劳美、艺术美等,以助力学生审美力培养。罗中积极探索以"艺味课堂"为抓手的美育课程建设,将美育融合到语文等12门必修学科课程中,在国家课程中形成有效的、系列化的美育结合点,在教学内容和教学方法上有机融入美育元素。

这些案例依次可分为人文(案例1到5)、自然(案例6到10)、艺术(案例11到13)三部分,对应"艺味课堂"的三大实施模式。这些案例的撰写,是对"艺味课堂"与学科融合美育的反思,促进了教师美育认知、美育能力的发展,增强了他们助推学生全面而有个性发展的能力。这些鲜活的案例,展现了罗中在创建美育特色过程中的机制创新,即以学科课程推动学生审美力提升的培育。

案例 1

将艺术图像融入文学鉴赏
——以《促织》教学中的板书设计为例

中学美育,是审美教育,也是情感教育。言之无文,行而不远。语文与美有着天然的联系。在语文新课标中就有对语文学科美育任务的明确要求,"语文具有重要的审美教育功能,高中语文课程应关注学生情感的发展,让学生受到美的熏陶,培养自觉的审美意识和高尚的审美情趣,培养审美感知和审美创造的能力"。

在罗店中学,语文不仅授予学生语言运用的技巧,帮助学生开阔文学的眼界,还注重对学生精神品质和审美能力的培养。语文课堂应当是充满美的"艺味课堂",这种美感不仅仅是感官上能够直接感受到外在美,同时需要在心灵上引导学生与文本产生内在美的共振。因此,在语文课上有意识地引导学生对作品进行审美感知、审美理解,将是基于新课标的富有意义的实践。笔者将以统编版高中语文必修下册第七单元课文《促织》的板书设计为例,探讨美育理念与语文教学的融合。

一、案例呈现

《促织》是清代文学家蒲松龄所作的一篇文言小说,讲述了主人公成名一家为应付朝廷征收促织的要求,经历了得虫与失虫的多次波折,最后以儿子魂化促织的代价帮助全家摆脱困境、获得名利。小说通过成名一家的不幸遭遇深刻揭示了当时为政者之自私贪婪,是一部讽刺了黑暗社会的悲剧作品。在《促织》的教学实践中,我的教学设计主要围绕着小说三要素之一的情节而展开,通过引导学生对小说情节作用的探讨,从而使他们逐步感知小说的悲剧性并从中获得审美体验。

我将本堂课的主问题设置为"小说中虚幻情节的构思有什么好处"。在最初的教学设计中,我先引导学生通过填写表格的方式对小说的主要情节发展进行梳理,以此让他们对小说的主要内容有清晰的了解。

情感	情节	情节特点
悲	岁征促织	现实
喜	占卜得虫	虚幻
悲	成子误杀虫	现实
喜	魂化促织,因祸得福	虚幻

二、案例分析

在情节梳理之后,我引导学生以小组讨论的形式重点探讨"占卜得虫"和"魂化促织"这两个虚幻的情节,我预设学生可以从情节发展、主题表现等多个角度来分析。然而,在实际的教学过程中,我发现大部分学生的想法往往停留在某一个情节之中,难以将之放在整篇故事中去理解,因此其探讨也基本上停留在故事的层面,很难进一步去思考情节背后的内涵。

经过反思,我认为以表格的形式来布置任务,虽然也能够清晰地将主要的情节梳理出来,但是各个情节之间的关系是松散的,情感、情节以及情节特点这三个方面的关系也是割裂的。要使情节的梳理能够更加连贯,更好地帮助学生思考情节的作用,就要对板书进行改进,用曲线替代表格,让情节之间的联系更加直观地展现出来。

三、案例改进

在初步的教学实践之后,我对原来的板书结构进行了改进,新的板书结构主要包括了两个部分。左边的部分即为原来的表格,我用曲线替代了表格,将情节的变化展现出来,曲线的起伏走势由主人公的情感来引导。同时要求学生从文本中找到相关依据并通过诵读的方式直观感知。另外,由于主人公心情的变化与小说的主要情节的发展具有同步性,因此在绘出曲线的同时要求在情感的转折点标注出关键的情节。这样,小说的双线结构就可以同时得到直观的展示。板书的右半部分主要是归纳虚幻情节的作用,将在课堂上根据学生的回答而及时生成。

在对板书进行了一定的改善后,我又在另一个班级中进行了教学实践。在课堂上,当我用曲线画出文章脉络的走向时,我明显发现学生的兴趣提高了。也许是曲线的形式更加简洁明了,很多学生也都纷纷拿起笔跟着我在书本边画下了这张图。在梳理完情节之后,我将主问题抛给了学生,要求他们先在小组内进行探讨。我感受到相比于之前,这一节课上学生的热情明显高涨了许多。

相比于前一次课堂推进时的艰涩,这一堂课中学生对于小说情节有了更多的思考,我想这应该是新的板书设计给他们带来了理解的支点。由此,他们也能够更好地互相启发,逐步深入地探讨小说的悲剧主题,在思维碰撞的火花中获得对文学作品的审美体验。

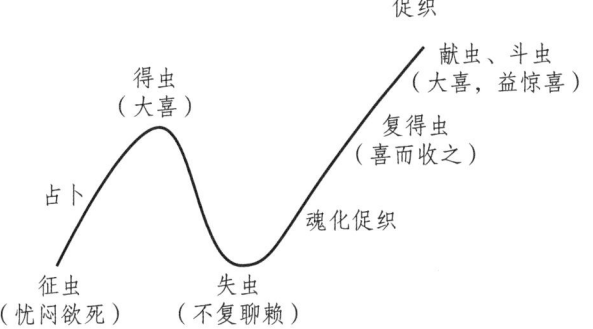

虚幻情节的作用:
1. 使故事跌宕起伏
2. 揭示和批判人不如虫的畸形社会现实
3. 表达对底层百姓的同情
4. 对统治者起到警示的作用

四、案例反思

通过曲线来展现小说的情节发展,一方面相较于表格式板书的机械和单调,可以使得板书的呈现更具有艺术性;另一方面可以更加直观生动地将两个主要的虚幻情节在故事中所起到的支撑作用展现出来,从而有助于学生通过情节的特征去进一步思考其隐藏的内核。

在之后的教学实践中,我会尝试用图像替代文字,增加直观性,将小说人物的特点、主旨的表现等融入其中,并且要让学生自主分析、动手参与到板书的生成过程中。这样将文学与艺术交织在一起,可以使得语文课堂更具有艺术气息,让学生从中更容易体会到文字的魅力。

(案例撰写者:邹欣怡)

案例 2

英语作文讲评课中美育的融入

罗店中学的英语作文讲评课,除了指导学生写出内容完整、结构清晰、语言丰富的文章外,还要渗透学科核心素养,培养学生的审美能力。本文以一节作文讲评课为例,分享课堂中美育的渗透。

本节讲评一篇看图作文,要求如下:低头族现象(phubbing)令人担忧,沉溺于智能手机带来了诸多危险。请在文章中简要描述所示图片并表达对低头族(phubber)现象的看法及建议。

一、以文本内容为载体,增加是非判断意识

本文的写作内容包括简要描述图片,表达对"低头族"现象的看法及建议。在讲评过程中,我启发学生对"看法及建议"再思考。学生迅速进行"头脑风暴",列举出一些讨论方向:我的态度、现象产生的原因、现象的危害、改进方法。而后,我让学生审阅小组的范文,判断其讨论方向,并关注其观点是否合理翔实。

学生 A 在习作中阐明了不认同的态度:"In my opinion, we should avoid being addicted to the mobile phone and pay more attention to our real life."并对如何改正提出了见解:"Restrict our time spent in playing cellphones; raise our awareness to enjoy the real life; call on people not to be a phubber to cultivate a healthy environment."

学生 B 同样表达了不赞成的态度:"I think phubbing is a dangerous and worrying phenomenon."并列举了相关危害:"A traffic accident is more likely to happen; it is bad for people's sight."最后提出了改进建议。

除了学生 B 提到的危害外,学生 C 还提到了对人际关系产生的影响:"Phubbing causes a break of our interpersonal relationship."

学生 E 则从 "the government; the authorities concerned; people

themselves"三个角度,谈到了改进建议。

学生对于特定社会现象,虽有不同的思考角度、不同深浅的认知,但他们表明态度、分析原因和危害、提出改进建议的过程,就是判断、感悟和理解的过程。在对作文内容进行评析的阶段,我以写作内容为载体,着力渗透文化意识的培养。

二、以文本结构为支架,明晰论证思维逻辑

本文的结构是"描述图片＋说明现象＋发表议论"。我让学生审阅小组的范文,先判断其是否按照一定的描写顺序进行细节描写,如有不足,则加以修改和补充。

学生 F 对图片的描述是这样的:"According to the picture, it is easy to conclude that people always keep looking at their smartphones whatever they do."经过讨论,第四组的学生认为该范文在细节描述上有欠缺。为此,该组学生按照空间顺序做了相应修改:"Four people in the picture are riding, walking and driving respectively, but all of them are concentrating on their mobile phones instead of the road condition."

描述图片后,需表达看法并提出建议。学生继续审阅手中的范文,以明确在表达看法、提出建议时,是否有恰当的主题句、清楚的分论点以及有力的细节支持。

学生 A 是这样给出改进建议的:"First of all, we should restrict our time spent in playing cellphones. The more time we spend in playing cellphones, the more likely we are to be addicted. Therefore, what we should do urgently is to restrict our time spent in playing cellphones."第一组的学生发现,在表达建议时,学生 A 缺少了总述句;在对"限制手机使用时间"的支持句中,细节不具体、没有说服力。因此作出了如下修改:"In order to change the phenomenon of phubbing, I have several suggestions to propose. First of all, we should restrict our time spent in playing cellphones. The more time we spend in playing cellphones, the more likely we are to be addicted. Therefore, what we should do urgently is to restrict our time spent in playing cellphones. We can establish a personal routine to fill our spare time with plenty of meaningful activities, such as reading or exercising, instead of being hooked on our cellphones."

学生B在讲危害性时,是这样描写的:"In my opinion, people who are addicted to mobile phones will be in danger. Firstly, when a person is driving a car or crossing the road, playing his mobile phone will distract his concentration from the road condition, which is more likely to cause a traffic accident. Secondly, if a person uses his mobile phone for a long time, his neck will be hurt and it is bad for his eyes. This behavior will threaten his physical health."第二组的学生经过讨论,认为学生B在说"交通安全隐患"时,没有概括性的主旨句;在说"对身体造成损害"时,把概括性较强的主旨句"This behavior will threaten his physical health."放在了具体描述的后面。因此作出了如下修改:"In my opinion, people who are addicted to mobile phones will be in danger. Firstly, phubbing on the road poses a threat to the road safety. When a person is driving a car or crossing the road, playing his mobile phone will distract his concentration from the road condition, which is more likely to cause a traffic accident. Secondly, lowering your head for a long time will damage your physical health. If a person uses his mobile phone for a long time, his neck will be hurt and it is bad for his eyes. This behavior will threaten his physical health."

在对写作结构进行评析的环节,我提醒学生注意描写顺序以及陈述模式,有意识地让学生体会语篇结构之美和语句结构之美,以期最终展示明确清晰的逻辑之美。

三、以文本语言为手段,融入生动丰富表达

文本的语言表达也需要打磨和润色。学生的习作往往用词匮乏、句式单调、段间缺少衔接。针对这样的问题,我给学生看了两个范例,让他们从中归纳润色语言的技巧。

润色前："People in the picture are passing the crossroads, having cellphones with them. It tells us the fact that phubbing is always a common phenomenon."

润色后："As is clearly depicted in the picture, the pedestrian, the driver and the two cyclists all are totally absorbed in their smart phones. Their eyes remain fixed on the screens, even if they are doing something that very requires concentration, such as crossing the roads and driving. The cartoon vividly reflects a common phenomenon in reality: many people are becoming increasingly indulged in the virtual world presented by smart phones."

从范例中，学生发现合理使用形容词和副词，如"clearly, totally, very, vividly, increasingly"可以让动词更有感染力；另外，润色后的段落中，"看"这一动作有了更为形象丰富的表达，如"be absorbed in, remain fixed on, be indulged in"；运用了"as"引导的定语从句以及"even if"引导的状语从句。这样的修改，增加了英语语言之美与跨文化理解。

学生 D 对于"危害性"这样描写："What's more, it is dangerous to watch a smart phone on the street. While you are staring at the screen, you may ignore the coming cars, which may cause unnecessary accidents."第四组学生润色如下："What's more, it is very dangerous to watch be absorbed in a smart phone on the street. While if you are staring at the screen of your mobile phone while crossing the road, you may can totally ignore the coming cars potential dangers on the road, which may is more likely to cause unnecessary accidents injuries and deaths."

在对写作语言进行润色的环节，学生体会着文字本身的韵律美和语义美。通过反复打磨文字语句，学生逐渐获得美的鉴赏能力。

总结反思：

一节融入美育的作文讲评课，其美存在于整个教学过程中：写作内容可为载体,写作语言可为手段,写作结构可为框架;学生进行自评、互评、交流和反思,这样的课才是高效与成功的。

(案例撰写者:李一奇)

案例 3

用艺术作品渲染历史艺味课堂
——以《欧洲的思想解放运动》为例

2015 年 9 月,国务院办公厅发布《关于全面加强和改进学校美育工作的意见》,指出:"将美育贯穿在学校教育的全过程各方面,……挖掘不同学科所蕴含的丰富美育资源。"挖掘历史学科的深厚的人文价值与丰富的美育资源,将美育融入课堂教学实践,有助于学生在达成历史学科核心素养的同时培养其审美能力。

美育即审美教育,具有形象性、情感性等特点。历史课堂经常以图片为教学载体,激发学生的探究兴趣。鉴于历史上关于欧洲思想解放运动的绘画作品很多,故笔者在备课时,选取多幅艺术作品,创设艺术化的情境,融入美育元素,构建"三感一创造"的艺术课堂模式,以期达成"以美启智、以美怡情、以美培元、以美化行"的美育目标。

一、何谓人文主义

师:观察图片,小组合作讨论,从人物表情、体态、母子关系、画面色彩等多角度说明两幅圣母像的差异。

生:图 1 人物五官比例不协调,表情呆板、母子关系淡漠,圣母头上有光环,画面以金色为主,给人以庄严肃穆的感觉。图 2 人物五官比例协调,表情柔和,圣母头上已经没有了光环,母子关系融洽,整个画面色彩较为丰富,给人以清新明快的感觉。

图 1　　　　　　　图 2

师：结合中世纪的时代特征，解释中世纪圣母像呆板僵硬的原因。

生：中世纪时，基督教神学占统治地位，绘画中绘制的是神，是一种符号化的宗教形象。

师：图2是拉斐尔的作品，反映了他内心怎样的诉求？

生：圣母是一个美丽、温柔、充满母性的妇女。由此他想表达最美的不是神而是人，表达对人的赞颂。

师：14—16世纪的意大利出现了很多类似的文艺作品，这些作品突破了中世纪呆板僵硬的风格，集中展现人性的美好。这种以人为中心的思想被称为人文主义，它正是文艺复兴的精神内核。

案例分析：两幅油画分别展现了中世纪和文艺复兴时期圣母像的不同风格，教师在解读过程中抓住油画的差异进行启发，使得美术作品鉴赏与历史教学有效融合，使学生享受学习、探究过程的美，增添课堂艺味。

二、因何称义

图 3

背景:1517年,教皇兜售大量的赎罪券,以获得维修罗马圣彼得教堂的费用。这些赎罪券承诺赦免"你所有的罪恶、犯罪和放纵,不管这些罪孽有多大"。对此德意志神学教授马丁·路德十分不满,撰文反驳:

当钱币在钱柜中叮当作响,增加的只是贪婪和利己之心。至于教会代祷的功效,仅由神主宰。

……

真诚悔过的基督徒,就是不购买赎罪券,也能够获得全面免除罪罚的权利。

——节选自马丁·路德《九十五条论纲》

师:图3为马丁·路德与神圣罗马帝国教皇的辩论,请结合上述背景材料,指出辩论主题和两方观点。

生1:辩论主题为人的灵魂获救的途径。

生2:罗马教皇认为人必须购买赎罪券才能得救;马丁·路德认为人的灵魂获救只需要真诚悔过。

师:教皇的主张可以概括为因行称义,马丁·路德的主张可以概括为因信称义。你赞同谁的观点?简述理由。

生:赞同马丁·路德的观点,因为罗马教皇他只是人,不是神,不能代替神作决定。

师:这幅画有何历史价值?

生:这幅画展现了作者对马丁·路德的敬仰,表明马丁·路德的宗教改革对后世产生了深远影响。

案例分析:油画展现了宗教改革时期的激烈斗争,以此为抓手创设辩论情境,能够激发学生的探究兴趣,使学生感受马丁·路德和教皇主张的差异。这一情境的创设深化了学生的体验,让学生的知情意行有机地统一起来,达到以美培元、以美化行的目的。

三、沙龙——启蒙思想的发轫地

图 4

师：图4反映的是18世纪的法国沙龙。沙龙是由上层贵族女性举办的社交活动，众多的启蒙思想都是通过在沙龙上的交流和思想家之间相互借鉴批判以及共同探讨的方式产生的，伏尔泰、卢梭、孟德斯鸠都是沙龙的常客。

角色扮演：当伏尔泰、卢梭、孟德斯鸠齐聚沙龙，他们围绕未来理想社会的政治蓝图这一主题展开交流，会形成怎样的思想交锋？（教师出示启蒙思想家的理论成果——伏尔泰《哲学通信》、孟德斯鸠《论法的精神》、卢梭《社会契约论》的部分内容作为提示。）

生1：伏尔泰主张由开明君主执政，主张"开明君主制"。

生2：孟德斯鸠主张立法、行政、司法三权分立，权力相互制衡。

生3：卢梭主张人民主权，订立社会契约。

师：这些思想家对未来的设想虽不一致，但他们都反对君主专制，表达了资产阶级的政治诉求。

案例分析：启蒙思想的产生和传播与沙龙的举办密不可分。教师在教学过程中出示油画沙龙，为思想交流搭建平台，在此基础上进行角色扮演，有利于学生沉浸其中，理解启蒙思想产生的时代背景。

以上三幅（组）艺术作品在历史课堂教学实践中的运用，取得了不错的教学效果。整堂课上下来，结构清晰、内容生动而不失深刻。

第一,紧扣内容主旨,精选艺术作品。在历史课堂中运用艺术作品,应将艺术作品视为服务于教材知识核心的史料载体,而非课堂主角,围绕课程内容主旨和逻辑体系精选艺术作品。

第二,聚焦核心素养,解读艺术作品。在课堂教学中,艺术作品能增强学生兴趣,活跃课堂氛围。在解读艺术作品的过程中,要引导学生考察特定的时代背景,形成时空观念;由于艺术作品具有较强的主观性,因而要提醒学生综合其他史料,把握艺术作品还原历史真实的程度。

第三,设置问题梯度,由浅入深,注重思维启发和引导。教师在授课过程中要注重互动交流与启发探究,建立完整有效且富有美感的问题链,这是课堂艺味深化的关键。此外,教师要不断对学生作出积极评价,激发学生的信心和力量,从以美怡情到以美启智,激活学生的智慧。

总体来说,历史课堂教学中充分运用艺术作品,对于打造生动有趣、意蕴深长的艺味课堂具有重要意义。艺术作品以其直观性、启发性和情境性等多重特点,有助于激发学生的探究兴趣,培养学生的审美鉴赏力和思维品质,提升学生的人文素养。

(案例撰写者:宋佳)

案例 4

地理课堂美育教学探索例说
——以《农业区位条件》一课为例

美育在五育并举中不可或缺,能够培养当代中学生的关键能力和必备品格。在中学课堂,艺术教育是美育的载体之一,但不是唯一载体。学校教育百分之九十以上的时间是用于学科教学,因而在学科教学中融合审美力培育成为中学美育的突破口。地理蕴含着丰富的美育因素,教师应充分挖掘地理学科中的美育内容,并结合学生的生活体验,将美的形象、美的意蕴贯穿于整个教育过程,有助于学生"原天地之美而达万物之理",进而能够"尚美成人"。

基于对学情和课标的分析,围绕地理核心素养培育与美育的融合,本节课教学过程如下。

一、展示美食地图,导入新课

展示"中国美食地图",引导学生思考"这些诱人的美食追根溯源是从哪里来的"。

设计意图:用学生感兴趣的美食引出本节课的主题"农业",进而引导学生认识"农业区位"的概念。

二、制作图表,发现规律美

水稻生长习性资料		
项目	最适宜温度(℃)	年降水量要求(mm)
条件	24—32	>800

注:水稻喜高温、多湿、短日照
每生产 1 kg 水稻,需水 500—800 kg

教师提供相关图文资料,要求学生结合水稻生长习性资料、中国年降水量分布图、中国 7 月平均气温分布图,在空白图中画出我国在气候上适合种植水稻的区域。

设计意图:学生根据资料认识到气温、降水是影响水稻种植的重要因素,热量、水分和光照共同组成了"气候"。在画图的过程中理解气温、降水的分布是有规律的,发现地理学习中的规律美。

学生结合以上材料,在空白图中画出气候适合种植水稻的区域。

三、对比"有无",探寻差异美

教师提供实际水稻分布图,学生对比两图,找出差异,并按如下两种类型进行归纳。

1. 预测无,而实际有

探究问题:①表现在哪些地区?②什么条件使该地区可以种水稻?

设计意图:对比水稻实际分布图,找出符合条件的区域主要还有东北部分地区和宁夏平原。学生讨论并能够得出——宁夏平原为我国西北干旱地区,却有水稻的种植,是由于有黄河流经,水源充足;东北地区位于东部季风区,且纬度较高,气温低,蒸发弱,水分充足,但热量不足,东北水稻一年一熟,也能满足水稻生长的气候条件。

2. 预测有,而实际无

探究问题:①我国东南部地区气候适合种植水稻,为什么存在部分未种植区域?②该区域应如何因地制宜地发展农业?

设计意图:教师引导学生查阅中国地形图,学生能够得出东南部无水稻区域为东南丘陵。丘陵地形,不适合水稻的种植。该区域应如何因地制宜地发展农业?教师提示东南丘陵地区,酸性土壤广布。部分了解相关课外知识的学生能够答出酸性土壤适合茶树的生长。

目前,学生已经分析出农业区位条件中的"气候""水源""地形""土壤"四个自然因素。学生通过对水田农业分布的"有无"差异进行对比,以及整个过程的分析探究,体会地理事物的差异美。

四、对比"多少",探索变化美

1. 多变少

教师提供广州市花都区近年来水稻种植面积变化图。

探究问题:该地水稻种植面积减少的原因是什么?

设计意图:广州市花都区属于城市郊区,这里引入"城郊农业"的定义。图中该地水稻种植面积减少,蔬菜、花卉等种植面积增加,符合城郊农业以鲜活农产品为主,靠近消费市场布局的特点。教师在此引申一个问题"为什么我们吃的很多蔬菜水果是来自新疆、海南等地的",学生能够分析出交通条件的改善,使其靠近市场的必然性降低了。

2. 少变多

教师提供东北水稻种植面积变化图。

探究问题：东北水稻种植面积增加的原因是什么？

设计意图：学生根据生活常识知道，东北水稻品质好、口感好，人们对其需求较大，依然是市场需求使东北水稻种植面积增加。教师在此补充相关问题"东北大米品质优良的原因是什么"，学生能够根据农业区位条件自然因素中的"气候""土壤"分析出——一年一熟，生长周期长，有机质积累多；肥沃的黑土为水稻提供充足的营养。

探究问题：结合以下材料分析东北水稻种植面积增加的原因还有哪些。

2020年，经过国务院批复，由袁隆平院士倡议创立的国家耐盐碱水稻技术创新中心东北分中心落户黑龙江。"东北分中心"为黑龙江省耐盐碱水稻产业壮大发展提供强有力的技术支撑。农业技术人员以培育寒地高产、优质的耐盐碱水稻新品种为主线，确保水稻产量和质量。

设计意图：学生能够分析出，"经过国务院批复"属于"国家政策"支持；"东北分中心"为黑龙江省耐盐碱水稻提供"科学技术"支撑；农业技术人员属于高素质的"劳动力"。即社会经济方面的农业区位因素有"市场需求""政策""科学技术""劳动力"和"交通运输"五个因素。

学生通过不同地区水田农业种植面积的"多少"变化对比，以及整个过程的分析探究，体会地理事物的变化美。

地理学科的美育培养，在于课堂教学中的美育渗透。以美育人打造高效地理课堂是实现地理学科美育价值的重要途径。[①] 地理学科中不缺少美的元素，作为地理教师，我们要有发现美的眼睛，挖掘地理学科中的美育资源，并使其渗透到课堂中，润物细无声，使学生在地理课程的不断学习过程中能够感知美、欣赏美，进而提高审美能力。

（案例撰写者：李辰丝）

---

① 曹圣兰.以美育人打造高效地理课堂[J].南方论刊,2011(S2):56-57.

案例 5

高中思政课融入"美育元素"初探

一般认为,美育是在对自然、社会和艺术的鉴赏过程中,通过情感活动的体验、判断、选择和创造,培养正确的审美观点,提高对美的鉴赏能力和创造能力的教育。而在中学,美育是审美教育、心灵教育。美育和思想政治教育的出发点不同,其结果都是为了培养德才兼备、品德高尚、严于自律的社会主义建设者和接班人。在中学思想政治课堂教学中融入美育元素,可以美化学生的心灵,启发学生认识美、评价美、创造美,继而培养具有完善人格的学生。

一、美育元素课堂案例呈现

课堂主题"家和万事兴"是《法律与生活》中关于《民法典》中婚姻家庭的内容。本节课教学目标为:"结合案例探究,了解父母和子女之间的权利和义务,理解《民法典》规定的成年意定监护制度。通过运用《民法典》在解析案例的过程中,充分感受其中的理性美与法治美。通过对构建和谐家庭的探讨,充分感受家庭的和谐美。"

本节课教学过程如下:

第一,导入新课。通过播放歌曲《相亲相爱一家人》进行导入,请学生谈谈自己的家,并思考在家庭中哪一种关系最为重要。此环节中,学生表现出了较强的参与度,开始跟随音乐哼唱,在回答中展示出了自己对和谐家庭的美好向往。

第二,新课讲授。该环节主要设置四个分环节,分环节主要以"麻烦家族"中发生的一系列麻烦事为背景,通过引导学生运用《民法典》等法律来解决其中出现的各类问题。此环节中,学生能够找出存在于案例中的问题,并且能够运用《民法典》的相关法律条文对问题进行剖析,表现出较强的合作能力,展现了课堂中的和谐美。

第三,课堂回顾与总结。本环节主要通过引导学生回顾本节课的知识,阐明构建和谐家庭的重要性,引导学生认识家庭应当树立优良家风,弘扬家庭美德,重视家庭文明建设。再次播放音乐《相亲相爱一家人》来总结本课,升华学生构建和谐家庭的美好情感。本环节中,学生整体上表现出了对和谐家庭的向往。教师通过总结升华本次教学内容,引导学生树立家庭责任意识并充分感受家庭的和谐美。最后,通过播放歌曲,形成首尾呼应,体现课堂设计的形式美与内容美。

第四,作业布置。课堂作业是配套练习册;课后作业是以社会典型法律案件为基础,以"家庭生活,法律守护"为主题进行研究,撰写一篇研究报告。本堂课作业的设置,紧密结合美育特色元素。一方面,设置课堂作业为配套练习册,帮助学生巩固基础知识;另一方面,设计长作业能够帮助学生深入感受个人家庭的和谐美。

二、案例分析及反思

第一,美育元素下的思想政治课堂应该重视正能量案例设计。由于本节课内容的案例设计以问题家庭为背景展开,该案例中的父母子女都存在一些违法行为。因此,在本节课结束后,有学生认为贯穿在案例中的男主人公王欢是一个十足的混蛋,这个人以及案例中其他人的行为实在是"不美"。他的想法令我陷入沉思,在美育元素融入下的思想政治课堂中,如何选取适用于课堂内容的案例,教师应该高度重视。

第二,美育元素下的思政课堂中,教师与学生应该重视语言表达美。一堂具有美感特色的课堂离不开师生之间的良性互动。在本次课堂教学实践中,最令人出乎意料的事情是学生在分析与回答问题时所呈现出的理性美与语言美。当然,教师在对学生的回答进行总结时,也应该添加能够提升课堂质量的人文素养,通过语言美来进一步体现课堂的理性美、人文美、和谐美。

三、在中学思想政治课堂中融入美育元素的路径

(一)深入剖析教材,挖掘蕴藏其中的美育元素

在中学思想政治教材中有许多美的意蕴,学生由于缺乏审美的知识和方法,所以他们不能轻而易举地发现它。以《法律与生活》为例,本册教材内容侧重培养法律意识,旨在引导学生用法律手段处理日常问题,用科学思维探索认识世界,教材本身就蕴藏着美的元素。因此,教师要深入剖析教材,引导学生在学习的过程

中培养自身的理性美、感受蕴藏其中的法治美以及构建和谐家庭的和谐美。

(二) 紧密结合学情,从学校特色与学生生活经验出发设计课堂教学

美的元素蕴含在生活的方方面面,生活中并不缺乏美,只是缺少发现美的眼睛。在进行课堂教学时,不能不顾学生学情而进行盲目的教学。美育课堂的设计可以从学校特色与学生生活经验出发来设计,将美育作用渗透在方方面面。教师在设计美育课堂时,要关注学生的生活经验,引导学生自觉融入美的对象中去,调动学生的审美积极性,在轻松愉悦的氛围中形成崇高的思想和审美情感,最终发展为较为稳定的心理结构和道德意识。

(三) 美育元素下的思想政治课堂应当融入德育元素

思想政治课本身便具有德育的作用,德育和美育能够同时作用于人的精神,引导中学生探寻人生的意义和价值。德育和美育两者虽然有区别,彼此不能互相代替,但两者可以互相配合、互相补充、互相渗透。高中政治课作为高中生必修的课程,如果能够发掘蕴含其中的各种德育元素,并与美育内容紧密结合,从微观的教学领域里发现学生的需求,寓教于美,以美辅德,必然可以将思想政治课的美育教学水平提升到一个新境界。

(案例撰写者:赵玲玲)

案例 6

数学之美在一节探究课中的融入
—— 以《用数列的方法探究科克雪花曲线》为例

亨利·庞加莱曾说过:"科学家之所以研究自然,不是这样做很有用。他们研究自然是因为能从中得到乐趣,而他们能得到乐趣是因为它美。"数学美是理性的、客观的、内在的,融合了现实与创造的美。

本文以《用数列的方法探究科克雪花曲线》一课的教学设计为例,对此进行探讨。

一、数学文化的人文美

《普通高中数学课程标准(2017年版2020年修订)》中的课程目标指出:通过高中数学课程的学习,学生能提高学习数学的兴趣;树立敢于质疑、善于思考、严谨求实的科学精神;认识数学的科学价值、应用价值、文化价值和审美价值。

情境引入:1967年法国数学家曼德布洛特在国际权威杂志上发表论文《英国的海岸线有多长:统计自相似性与分数维数》,得出英国的海岸线长度是不确定的。瑞典数学家科赫构造的一种非常有趣和怪异的几何图形,也体现了这一观点。由于它酷似雪花,后人称之为"科赫雪花曲线"。

数学史的引入极大地提高了学生探究的积极性,对体验真正的数学思维过程,体会数学来源于生活且服务于生活,创造探索与研究的数学氛围,激发学生学习数学、探寻数学真谛的兴趣,培养科学严谨的审美能力等方面都有重要意义。

二、数学推理的逻辑美

逻辑推理是数学学科六大核心素养之一,在学生思维的发展过程中具有重要的地位。这种思维品质使得数学交流具有逻辑性、严谨性和真实性,是数学结论、构建数学体系的根本保证。数学作为一门结构严谨的科学,需要学生有论据、有条理、合乎逻辑的思维品质,具有理性之美。

问题解决:将一个等边三角形的每条边三等分,并以中间的那条线段为底边向形外生长等边三角形,得到第二个图形;将第二个图形的每一条边再三等分,重复同样的生长方法,得到第三个图形;再按上述的方法继续生长下去,就可得到"科赫雪花曲线"。

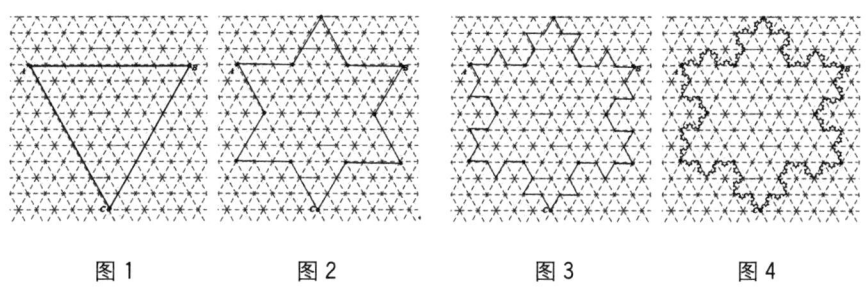

图1　　　　图2　　　　图3　　　　图4

问题:从图1到图4图形有什么样的变化规律?

(1) 每变换一次,边数变为前一幅图边数的几倍?

(2) 每变换一次,边长变为前一幅图的几分之几?

(3) 每变换一次,面积比前一幅图面积增加多少?

学生运用探究与合作学习的学习方法按步骤画出雪花曲线的图形,并在绘制画图时得出图形每增加一次变换,边长、边数、周长、面积的变化规律。教师通过提供问题串的方法进行启发式教学,让每个学生都带着这个问题去学习。这样的启发式学习模式,可以促进学生从课堂上的被动感知向主动学习转换。由学生自己去找到问题的原因和结果,有利于帮助学生在解决问题的过程中培养逻辑思考的能力,增强学习的兴趣与主动性,培养审美力。

三、数学公式的简洁美

学生根据问题串逻辑推理得到递推公式,再由递推公式累加得出通项公式的化简过程,体验了数学语言的简洁精确、抽象规范、严谨科学。将图形的较为复杂的变化规律用简洁的数学公式表示出来,易于学生理性地发现结论。由繁到简的计算过程,更有利于学生体验学习的乐趣。

面积探究:

图形	M_1	M_2	M_3
S_n	$S_1=\dfrac{\sqrt{3}}{4}$	$S_2=S_1+3\times\dfrac{1}{9}S_1$	$S_3=S_2+3\times 4\times\left(\dfrac{1}{9}\right)^2 S_1$
生成规律	当由 M_{n-1} 生成 M_n 时,在 M_{n-1} 的每一条边上多了一个面积为 $\left(\dfrac{1}{9}\right)^{n-1} S_1$ 的小等边三角形,这些小等边三角形的面积之和为 $3\times 4^{n-2}\cdot\left(\dfrac{1}{9}\right)^{n-1} S_1$		
递推公式	$\begin{cases} S_n=S_{n-1}+3\times 4^{n-2}\cdot\left(\dfrac{1}{9}\right)^{n-1} S_1 & (n\geqslant 2, n\in\mathbf{N}) \\ S_1=\dfrac{\sqrt{3}}{4} & (n=1) \end{cases}$		
通项公式	$S_n=\dfrac{2\sqrt{3}}{5}-\dfrac{3\sqrt{3}}{20}\left(\dfrac{4}{9}\right)^{n-1}$		

四、数学图形的奇异美

雪花曲线是美丽的,难以想象的是它具有无限的边界长度和有限的面积,严谨的逻辑推理证实了这一点。改变生成的三角形顶角的角度会生成不同的"雪花片"形状。用动画演示角度的改变过程,发现一根无限长的线可以铺满整个平面,显示了数学图形的奇异美。相比较而言,雪花曲线作为分形几何的特例,其迭代的方式更利于学生理解和掌握。本课例用视频介绍了分形山、云朵边界、分形树叶、海岸线等自然界存在的分形几何,以及分形几何在许多学科的广泛应用,例如物理、化学、生物、地理、天文、材料科学、艺术设计等方面。

五、数学探究的创造美

新课标强调了学生探索新知的经历和获得新知的体验,以及学生建立数学模型的能力。本课例充分地考虑和体现数学知识的形成过程,把开展探究性学习的宗旨贯穿于课堂教学始终,帮助学生寻找分形在高中数学教材的生长点。在学生初步认识了雪花曲线具有的典型分形结构的几何特征的基础上,进一步探究和创造分形几何的图形,学生的探究能力和创造力大大提高。

在这次课堂探究活动中,从雪花曲线到反雪花曲线,再到谢尔宾斯基垫片,图形的改变引导学生提出更多新的创意。若将正三角形拓展到正四面体,将线段的三等分拓展到平面等边三角形面积的四等分,向形外作新的正四面体并且无限进行下去,形成了立体雪花,并且类比二维雪花曲线的结论,猜想得到立体雪花为体积有限而表面积无限的几何体。这种由正三角形到正 n 边形,由二维平面到立体空间,由简单到复杂的探究过程,体现了高中生从自我经验到寻找规律的过程,是罗店中学"艺味课堂"的特征之一,也是抽象数学简洁之美的过程。

(案例撰写者:殷兆凤)

案例 7

基于"5E 学习环"的"艺味课堂"
——以《浮力》教学实践为例

一、问题的提出

1. 教学现状

本节内容是浮力与影响浮力的因素。在以往教学中,教师通过一个重物浸入液体中的体积越多,弹簧测力计的示数越小的实验现象,直接给出$F_{浮}=\rho_{液}gV_{排}=G_{排}$。这样忽略了知识建构的整体性,无法真正意义上让学生感受与理解物理美,缺乏对学生科学思维、科学探究能力的培养。

2. 基于"5E 学习环"的教学模式

笔者结合物理核心素养,以《浮力》教学为例,将"5E 学习环"设为主线,融入"以美启智、以美怡情、以美培元、以美化行"的美育目标,构建了"5E 学习环"美育渗透模式。"5E 学习环"由以下五个探究环节构成:吸引、探究、解释、迁移、评价。(见下表)它能够探查学生的物理前概念,培养学生的科学思维和科学探究能力,以及帮助学生实现物理概念的转变和构建。

5E学习环	美育目标	知识内容	物理核心素养
情境吸引	以美启智	漂浮、悬浮、下沉的物体都受到浮力	物理观念
活动探究	以美怡情	探究影响浮力大小的因素	科学探究（问题、证据）
科学解释	以美培元	分析数据,解释实验现象	科学思维（科学推理、科学论证）
扩展迁移	以美化行	运用浮力知识解决实际问题	科学态度与责任
沟通评价	激发灵感	分析实验误差	科学探究（质疑、创新）

二、案例呈现

1. 情境吸引，以美启智

教师引导学生通过受力分析得出：漂浮在水面的乒乓球受到浮力，但不少学生会认为悬浮或者下沉的物体不会受到浮力。

问题：悬浮和下沉的物体是否受到浮力呢？

教师依次将水球和重物挂在弹簧测力计上慢慢浸入水中，直至水球悬浮、重物缓慢下沉时，学生观察到弹簧测力计示数变小了，说明悬浮和下沉的物体都受到浮力。

设计意图：通过实验现象将学生的错误前概念推翻，使其产生认知冲突；通过创设美育情境，让学生感受到物理研究的理性之美，激发其学习兴趣。

2. 活动探究，以美怡情

教育家蔡元培先生曾说过："美育者，应用美学理论于教育，以陶养感情为目的者也。"物理是一门以实验为基础的学科，让学生亲历实验过程，可以激发其学习物理的热情，体验课堂带给他们美的享受。教学中可结合物理实验之美，双管齐下，将两个独立实验融合为一。学生可利用"称重法"测量浮力，同时利用弹簧测力计挂着不同体积的物体，将其浸没在量筒中，分组探究浮力大小与$V_{排}$的关系，即利用"排水法"测量$V_{排}$。

设计意图：在大单元教学设计的视角下，整个科学探究的过程中，不仅让学生复习了排水法测体积的旧知，也应用了称重法测浮力的新知，新旧结合，建立事物间的联系，在动手动脑中感受科学的探究美、严谨美、态度美。

3. 科学解释，以美培元

在探究浮力与排开液体体积之间的关系时，学生分组实验得到了多组实验数据。教师鼓励学生分享本组的数据，引导学生从数据中找到物理规律。从实验数据来看，大多数学生都可以看出$V_{排}$越大，浮力也越大。接着引导学生思考浮力与$V_{排}$之间是否存在定量关系。有的学生会想到利用比例法可以发现浮力与$V_{排}$成正比；有的学生认为利用图像法建立"$F_{浮}-V_{排}$"图像更为直观，因为可以得到一条近乎过原点的倾斜直线，也可以说明浮力与$V_{排}$之间成正比……

进而可以让学生猜测浮力大小与哪些因素有关。例如,在探究浮力大小是否与液体密度有关的实验中,教师可采用硫酸铜溶液与水进行对比实验,将同一重物浸没在两种液体中;由于弹簧测力计示数变小程度不同,学生便可清晰地描述出它们所受浮力不同。结合密度知识,硫酸铜溶液的密度是远远大于水的,因此便可得出结论:当物体排开液体体积相同时,液体密度越大,浮力越大。

设计意图:在讨论中,小组之间进行思维碰撞,课堂内容得到进一步升华。学生用自己的语言分析实验数据,给出科学严谨的解释,在思维运转中亲历物理的逻辑美、思维美,将物理观念融入自己的认知结构中,从而内化物理核心素养。

4. 扩展迁移,以美化行

学生在得出"$F_{浮}=\rho_{液}gV_{排}=G_{排}$"后可以计算浮力,但对其应用还是会有局限性。教师可设置一个真实情境以培养学生解决问题的能力。如创设情境:"江南造船厂想在室内建一个小'湖泊',这样就能将造好的船放入'湖泊'中检验。"提问:"如果现在造的船自身质量为30万吨,室内小'湖泊'中至少要多少吨的水才能托起造好的船?"在强烈的认知矛盾冲突中,学生纷纷讨论,激活了思维,加深了对"$F_{浮}=\rho_{液}gV_{排}=G_{排}$"的理解。

设计意图:通过运用已学知识解决实际问题,引发学生认知冲突,能为建立正确的物理观念奠定好基础,使学生认同物理的求真美、批判美和创造美。

三、总结

本节课在实验探究中引导学生发现新规律,体会分析和研究物理问题的方法,真正做到在玩中学、学中思。整体设计思路基于"5E学习环"模式,注重知识的建构过程,在培养物理核心素养的基础上,融入"以美启智、以美怡情、以美培元、以美化行"的美育目标。通过感受物理美,亲历科学探究美,认同思辨美,追求真善美统一,构建了"5E学习环"美育渗透模式,使物理学科核心素养能在物理教学中真正落地。

(案例撰写者:杨阳)

案例 8

基于化学核心素养提升的"艺味课堂"

——以《浓硫酸的性质》为例的课堂分析

高中化学课蕴含着十分丰富的美育元素,是一门具有美学特征和美育功能的学科。《普通高中化学课程标准(2017年版)》指出,学生应提升"宏观辨识与微观探析、变化观念与平衡思想、证据推理与模型认知、科学探究与创新意识、科学精神与社会责任"等化学核心素养。在高中化学教学中融合美育是罗店中学"艺味课堂"的特征之一。本节内容以《浓硫酸的性质》为例,重点阐述美育在化学学科教学中的融合。

一、新旧知识结合感悟化学的内容美

复习提问:初中时我们已经学习过稀硫酸,稀硫酸具有哪些化学性质?为什么具有这些性质?酸的通性表现在哪些方面?

学生回答:与碱中和、与碱性氧化物生成盐和水、使指示剂显色等。

过渡:稀硫酸是一种强酸,具有酸的通性,以 H^+ 和 SO_4^{2-} 的形式存在。而浓硫酸主要是以 H_2SO_4 分子的形式存在,由于溶液中粒子不同,所以性质上肯定有差异,即浓硫酸具有自己的特性。下面我们就一起来探究浓硫酸。通过对稀、浓硫酸进行观察,对比可以看到浓硫酸是一种黏稠的油状的液体。打开浓硫酸试剂瓶的瓶盖进行观察,无明显现象;轻轻在试剂瓶口上方扇动,闻气味,发现是无味的。

以初中所学的"稀硫酸"旧知识为起点,引发新知识——浓硫酸。新旧知识相互冲突从而有力地引发课堂问题生成。在化学教学展示和化学实验的过程中,引导学生培养建立起宏观微观的联系,能从宏观上对物质的颜色、状态进行观察、对比,从微观角度去分析结构的差异,提升宏观辨识与微观探析的素养。

二、科学实验感受化学的现象美

在两个培养皿中分别倒入少量的浓硫酸和稀硫酸,事先准备盛有开水的大烧杯,将两个内壁干燥的小烧杯放在热水上方,小烧杯的内壁有水蒸气,分别把它们倒扣入培养皿当中,观察小烧杯内水蒸气变化的情况。盛有浓硫酸的培养皿中的小烧杯内壁的水蒸气几乎都消失了,透过玻璃看见标签上的"浓硫酸"三个字,学生由此推理得出浓硫酸有吸水性。在此过程中,引导学生从生活出发,设计简单的实验,从"量变"与"质变"的角度对实验过程进行分析与探究,感受现象逐渐变化的动态美。

三、探究推理体味化学的逻辑美

在黑面包实验中展示我校侯老师的社团课上制作出来的面包,提问为什么面包会疏松多孔。学生回答是因为在制作它的时候,面团中加入了碳酸氢钠,而碳酸氢钠产生了大量的二氧化碳使面包变得蓬松。教师追问:我们也能推测黑面包的形成是因为产生了大量的气体的缘故吗?产生了哪些气体?

我们结合现象进行分析:放出有刺激性气味的气体,推测可能是二氧化硫;盖上大烧杯,大烧杯里充满白雾,后逐渐消失;下端溶有酚酞的氢氧化钠溶液颜色变浅,说明产生的气体应该是酸性的,被碱性的氢氧化钠吸收;干燥的大烧杯壁出现大量液珠,说明有水生成。那么在浓硫酸使蔗糖脱水的体系当中,这些气体是如何产生的呢?事实上是蔗糖脱水后的碳和浓硫酸发生了某种作用,产生了大量的气体。

从氧化还原的角度出发,结合浓硫酸的强氧化性,猜测"浓硫酸与碳反应"的生成物,然后分析在"浓硫酸与碳反应"中,S 元素由 +6 价降低为 +4 价,因此生成 SO_2 气体,据此推测在"浓硫酸使蔗糖碳化"中很有可能生成了 CO_2 气体,再根据物质守恒定律推断还有可能生成 H_2O,然后将推测的结果写成化学方程式:$C + 2H_2SO_4(浓) \xrightarrow{\triangle} CO_2 \uparrow + 2SO_2 \uparrow + 2H_2O$。

在对产物进行检验的这一部分设置了层层递进的探究性问题让学生思考:

(1) 分别用什么样的物质,采用什么方法检验生成的产物 H_2O、SO_2、CO_2?

(2) 在检验产物 H_2O、SO_2、CO_2 时的顺序是什么？

(3) CO_2 气体中混有 SO_2，应用什么物质除去？

(4) 如何证明 CO_2 气体中混有的 SO_2 气体已经除尽？

经过学生小组的充分讨论和反复修改，各小组达成共识，设计了实验流程。

本节课中多次采用问题链来设计实验探究过程，学生能够通过收集各种数据，并对数据进行加工和处理，从而对物质的性质及其变化作出合理的猜想，同时通过实验给予验证，判断猜想是否正确。该过程以学生为主体，引导学生科学探究，促使学生提升科学思维与探究能力。

四、知识拓展探析化学的社会美

本节课的开头以硫酸的用途为引，让学生了解硫酸在生产、生活上的广泛用途，体会化学在生活中的重要性。通过浓硫酸脱水性的学习，知道应对浓硫酸飞溅等突发问题的处理办法，提高学生的安全意识。从美育角度出发，对黑面包实验进行设计思路改进，采用滴有酚酞的氢氧化钠对二氧化硫进行吸收并检验，利用废弃矿泉水桶做隔绝罩以防止二氧化硫逸出，让学生关注绿色化学，同时感悟可持续发展理念。

传统的教学方法最突出的问题在于学生的主体地位不突出，教学方法单一，不重视学生的认知体验、情感体验，导致学生思维僵化，缺乏自主发展。我校以"艺术见长，尚美成人"的办学思想为指引，不断探索"以美育人，以美启智"的新型教学方法。在化学教学上，重视"核心素养为本"，在立足五大高中化学学科核心素养主旨的同时，最大限度地激发学生的学习兴趣和对知识的渴求，让学生尝试自主构建自身发展所需的化学知识和基本技能。本文以浓硫酸的性质为例，在教学环节进行不同程度的改进和实验的创新设计，引领学生亲自体验实验设计、探究、整合，感悟创新之美、绿色化学之美。

（案例撰写者：茹玉）

案例 9

基于生物核心素养的美育情境创设

一、创设依据

我国新一轮教育改革提出中国学生发展核心素养培养全面发展的人,通过审美情趣的培养,期望学生在掌握和运用各领域知识技能的同时追求真善美的统一。生物学科中美育目标的达成需要更多地关注生命本身的自然美,生命探究的科学美以及科学家追求真理、严谨求索的人格美。① 高中生物教材中包含着很多美育素材,比如学生能够通过搭建DNA双螺旋分子模型,直观体会到存在于每一个细胞中的遗传物质是如此奇巧精美,认识到简单的模型搭建中蕴含着生物界普遍遵循的碱基配对原则,从而激发学生的学科兴趣,关注和探索生命现象背后的自然原则和普遍规律。

当下的生命科学领域发展迅速,新兴的生物技术层出不穷。生物教师在准确把握教学目标的同时,可将教材与科技前沿进行适度整合,积极创设相关教学情境,落实学科核心素养的同时,拓宽学生认识生命的视野,提高学科范畴内的审美价值。

本文设计了一个相对完整的、围绕几个相关核心概念的美育情境,目的在于帮助学生巩固已有的生物学知识,引导学生从对生命现象的认知中形成相关生命观念,通过学习科学家真实的探究实验,提升归纳与演绎的科学思维能力。在情境问题的推进中,逐步落实以美启智、以美化行、以美培元的教育目标。

二、情境呈现

【资料1】亨廷顿舞蹈症(HD)是一种神经退行性疾病。该病的临床症状主要表现为舞蹈样不自主动作(晚期则运动能力逐渐丧失)、精神障碍和认知障碍,多发于中年人。世界范围内的HD发病率约为万分之一,男女及各人种均可患病。②

---

① 彭纪瑜,曾文俊,廖志勇.生物教学中美育目标的构建[J].课程教育研究,2018(12):208-209.
② 安平,鲁伯埙.亨廷顿舞蹈症研究现状[J].中国细胞生物学学报,2018(10):1621-1632.

已知 HD 的致病基因为显性 H，图 1 是医生通过遗传咨询收集的我国新疆地区 3 个 HD 家系图谱①：

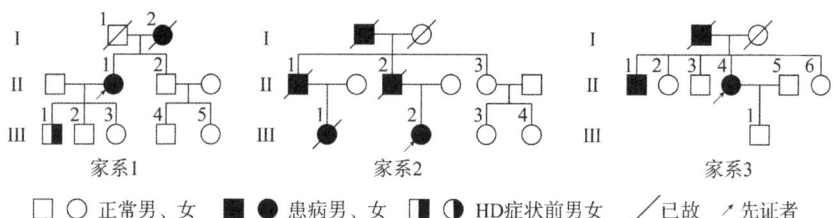

家系1　　　　　　家系2　　　　　　家系3

□○ 正常男、女　　■● 患病男、女　　◨◐ HD症状前男女　　╱已故　╱先证者

注：先证者是指一个有遗传病的家族里最先被发现患病的那个人。

图 1

问题一　通过分析患者家系图谱，该病的遗传方式是什么？

问题二　亨廷顿舞蹈病是由亨廷顿蛋白基因（HTT）突变所致，根据图 2 的描述，该种基因突变属于什么类型？

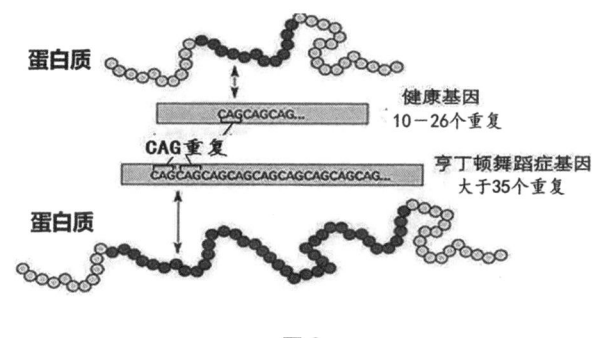

图 2

问题三　根据资料 1 及图 1、图 2，结合所学内容，判断以下说法不正确的是（　　）

A. HTT 基因内 CAG 序列的异常扩增是导致亨廷顿舞蹈症发生的根本原因。

B. 突变基因编码的肽链增长，造成异常折叠，可能会增加蛋白质的功能。

C. 图 1 家系 1 中 Ⅲ-1 如果 30 岁就出现了患病症状，很有可能是因为 HTT 基因中 CAG 重复序列过多造成的。

---

① 雷晶，张艳，马建华，张小宁.亨廷顿舞蹈病的临床特征（附 4 家系报道）[J].临床神经病学杂志，2018(4)：291-293.

D. 图1家系2中Ⅲ-2与正常男性婚配,婚后怀孕了,由于胎儿有1/2的概率携带 H 致病基因,所以医生建议采用 B 超检查或羊水穿刺的方式进行产前诊断。

【资料2】变异 HTT 基因表达的变异 HTT 蛋白具有神经毒性,在细胞内聚集形成大的分子团,从而引起中枢神经元死亡,导致神经系统功能障碍直至崩溃。目前该病没有根本性治疗方案。处于研发阶段的策略主要分为三类:靶向 HTTDNA、靶向 HTTmRNA 及靶向 HTT 蛋白。

问题四　参考资料2及图3,尝试从以上三类策略中选择一种并设计治疗思路。

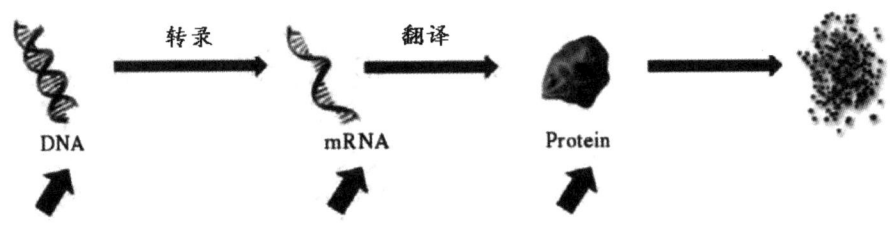

图3

【资料3】2018年3月,我国科学家成功培育出敲入亨廷顿基因的猪模型(见图4),并且该猪模型能够将亨廷顿基因稳定地遗传给后代。这一实验为进一步研究老年退行性疾病的治疗方案提供了大动物模型。

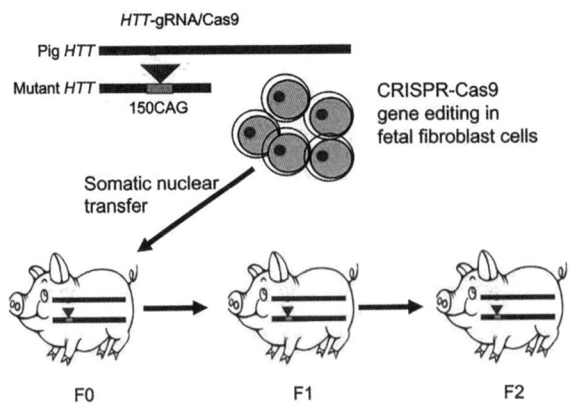

图4

问题五　图4的实验涉及哪些学习过的生物技术?

问题六　仔细观察图4,并结合自己对生物技术的理解,尝试描述出科学家培育亨廷顿基因敲入猪的实验流程。

问题七　如果有机会和科学家面对面,你对他们的实验有什么想要进一步了解的吗?

三、分析评价

1. 以美启智,落实学科素养

情境创设中,注重问题串的连贯性、逻辑性和整体性。在亨廷顿舞蹈症的情境中,问题聚焦生物学重要知识和概念,利用真实的科学研究案例串联起人类遗传病的预防、基因突变的实质、中心法则、生物技术等核心的生物学知识,在运用生物学概念解答问题的过程中形成生命观念。通过分析生物学事实和资料,提高学生运用归纳与概括、演绎与推理、创造性思维等方法,探讨、阐释生命现象及规律的能力。

2. 以美化行,勇于探究突破

本文情境是基于亨廷顿舞蹈症的研究史实设计的,是科学家真实的探究过程。教师在分步呈现情境资料的同时,提出与学生知识水平和思维能力相匹配的问题,提高学生对已知生物学知识的迁移和运用能力。教师提高学生科学思维能力的同时,更是能够激励学生在具体问题中涌现创新创造的火花。比如问题四的提出,不仅需要学生对亨廷顿舞蹈症的发病机制有一定的理解,更重要的是自主设计治疗方案,并根据生物学原则和规律推演出治疗效果。生物学的发展离不开科学探究,教师利用真实的科研成果进行情境和问题的设计,能够增强学生对自然现象的好奇心和求知欲,逐步形成科学实践的行动力。

3. 以美培元,提升担当能力

亨廷顿舞蹈症情境的选择也是考虑到中国老龄化的社会现实。亨廷顿舞蹈症、阿尔茨海默病、帕金森病以及肌萎缩侧索硬化是当今世界四大老年病,其中亨廷顿舞蹈症的研究最为广泛和深入。学生在情境资料阅读及对情境问题的分析回答中逐步加深对社会热点问题的关切度,能够以造福社会的态度和价值观,积极运用生物学的知识和方法,参与社会问题的解决,提升社会担当与能力。

(案例撰写者:张文娟)

案例 10

基于高中信息技术的美育融入探索

苏联教育家苏霍姆林斯基说:教育,如果没有美,没有艺术,那是不可思议的。课堂是传授知识的场域,更是展示充满活力和魅力的教学艺术的神圣殿堂。罗中是一所注重艺术教育的学校,但绝不是要将各学科都上成艺术课,而是充分挖掘学科教学中的美育因素,在传授学科知识的过程中培养学生鉴赏美的能力,使学生在愉悦的情境下积极主动地学习文化知识,在学习活动中发现美、创造美,在创造美的过程中开发学生的智力和潜能。

各门学科都含有美的因素,信息技术学科也不例外。算法与程序设计是高中的必修内容,更是培养学生逻辑思维和抽象思维的重要内容。算法设计的思维美、程序代码的结构美都是在算法与程序设计教学中融入美育的重要元素。下面就以《循环结构的应用》这一教学内容为例,阐述如何在算法与程序设计教学中通过教师的教学美和知识的潜在美引导学生感受美、发现美、欣赏美、创造美,实现以美促学、以美启智。

一、以图勾趣,诱发感受美

本节课的教学重点是循环嵌套。这部分内容比较抽象,逻辑性也比较强,对学生来说有一定的困难,容易让学生产生畏惧心理。因此本节课一开始笔者展现了一些运用循环嵌套结构的程序语句打印的各种形状的漂亮图案,有用"*"号和英文字母组成的图案,也有学生熟悉的杨辉三角等数字图形,诱发学生观赏,感受其中的和谐美、对称美,产生想要自己编程打印出这些美丽图案的愿望。学生身处一个和谐、轻松、愉悦的学习环境,在享受美的同时也对新课产生了学习兴趣。

孔子曰:"知之者不如好之者,好之者不如乐之者。"学生置身于一定的审美情境,在审美感受和体验中调动审美心理,能激发审美情趣,以此促发求知欲望。本节课的导入与精美的图形巧妙地结合在一起,促使学生积极主动地投入本节内容的学习活动当中。

二、以问促思,启发揭秘美

在学生有了浓厚的求知欲望之后,笔者不失时机地追问:"你知道这些美丽的图形是如何输出的吗?"很自然地将学生带入学习活动当中。因为循环嵌套有一定的难度,笔者从最简单的图形入手,层层递进,不时地加入一些幽默风趣的话语,让学生在一个轻松愉快的学习情境中感受学习的乐趣、体验成功的快乐,逐步揭开美丽图形的神秘面纱。下面是引导启发学生分析、思考和实践的学习活动过程。

【任务一】尝试用 For 语句编写代码输出一列 8 个"＊"。(见图 1)

【任务二】输出如下图形:6 行,每行 8 个"＊"。(见图 3)

【任务三】输出如下图 4 和图 5。

【任务四】自主探究,尝试打印出图 6 和图 7。

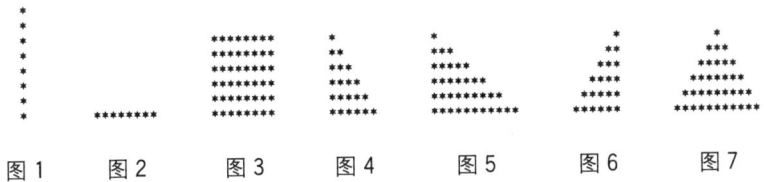

图1　　图2　　图3　　图4　　图5　　图6　　图7

输出图 1 的程序结构对学生来说不难,只需强调字符串要加双引号。设计这个任务的目的是要引出"print 语句后面加参数 end＝''的作用"这一知识点,所以在学生输出图 1 后笔者提出设问:"如果要将这 8 个 ＊ 显示在一行里(见图 2),怎么办呢?"引起学生注意,启发学生思考和学习。在学生实现输出图 2 后,笔者紧接着抛出任务二。通过前三个任务的分析与解决,学生已经基本掌握了利用循环嵌套结构输出简单图形的思想方法。任务四主要是鼓励学生自主探究,发挥出他们的思维才智,教师给予适当的点拨。

笔者采用由浅入深、逐层推进的教学策略,不仅为学生搭建了学习的阶梯,降低了学习的难度,而且让学生也在这个活动过程中一点一点地理解和掌握了循环嵌套的思想,以及用循环嵌套结构打印各种不同形状和结构的图形的基本思想方法,揭秘了美之所在,感受到了成功的喜悦,增强了学习的信心。

三、以美促学,引导发现美

"生活中不是缺少美,而是缺少发现美的眼睛。"设计巧妙的算法思维、层次分明的程序代码都是算法与程序设计之美的重要体现,也是教学内容的重要组成部分。教师不仅要教学生如何设计算法、如何编写代码,更重要的是要引导和培养学生发现和体验算法设计与程序代码中的美,提高学生学习算法和程序设计的学习兴趣和热情,提升设计和编写程序的基本素养。

在上述任务活动中,教师也不失时机地用手机拍摄学生编写的代码的结构美和思维美,然后展示给全班学生观赏,通过启发学生探究知识的内在逻辑美,引导学生相互交流和展示各自的作品,在交流和互动中碰撞出新的思维火花。

四、以美启智,激励创造美

通过完成上述四个任务的学习和实践活动,学生已基本掌握了分析和解决此类问题的思想方法和实践能力。接下来笔者用更具挑战性、更能激发学生创造力的任务,激励学生开动思维,创造美。

【任务五】小组合作,尝试输出如下图形(见图8、9、10)。

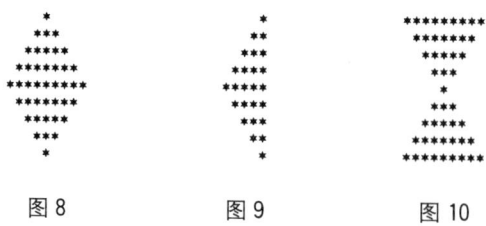

图8　　　　图9　　　　图10

普通的课堂大都相似,美的课堂却各美其美。本节课通过诱发学生完成运用所学的循环结构和For语句打印图形的活动,激发学生发现图形的和谐美和对称美,感受程序设计的思维美,欣赏程序代码的结构美,创造属于自己的图形美。美的课堂需要教师用心挖掘教材和知识内容中蕴含的美育因素,并把它们融入学生乐于接受和完成的具体活动实例当中,再辅以教师循循善诱和风趣幽默的教学方式,让学生在活动中自然而然地提高感受美、发现美、欣赏美、创造美的能力,实现以美促学、以美启智。

(案例撰写者:查红)

案例 11

美源于聆听

——《音乐的多声进行》案例分析

高中艺术(音乐)课程是实施审美教育,培育时代信任,培养学生"坚守中华文化立场,展现中华审美"的重要途径之一,为锻炼学生的自信心和对文化的理解以及创新性发展奠定了基础。在以学生为主体的理念下,围绕学科核心素养的培育,形成基于审美感知、强化艺术表现、促进创意表达、实现文化理解的师生、生生互动的美育教学过程,让学生在艺术活动中受到真善美的感染,提升艺术涵养。《国务院办公厅关于新时代推进普通高中育人方式改革的指导意见》指出:深化课堂教学改革须"按照教学计划循序渐进开展教学,提高课堂教学效率,培养学生学习能力,促进学生系统掌握各学科基础知识、基本技能、基本方法,培养适应终身发展和社会发展需要的正确价值观念、必备品格和关键能力"。

在高中艺术课程的教学过程中,总会碰到许多音乐理论知识。对于现在的学生来说,他们的音乐理论知识实在是有限,甚至没有达到本该高中生应有的音乐认知。那对于教材上的音乐知识掌握起来就很难,再加上要摆脱教师教授、学生被动式接受的上课方式,对教学提出了考验。人民教育家陶行知先生曾说过:"战要拼命,干要拼命。玩,如果有,也要拼命。"如何引导学生"玩转"艺术课堂,在艺术感知与体验的基础上,积极参与到创造性的艺术学习与表现活动,学会运用各种艺术形式进行创意表达,提升想象力、表现力、创造力,获得快乐和美感是教学中努力追求的。

《音乐的多声进行》是高一年级第二学期"歌情乐韵 悦耳爽心"第二板块中审美与思考的内容,力求通过学习,让学生知道什么是音乐的多声进行,了解音乐多声进行的方式有主调音乐与复调音乐,感知不同多声进行的方式所塑造的不同音乐形象,从而提升学生的音乐艺术审美能力。

本单元教学设计以"课程标准"和"基本要求"为依据,整合教学素材,聚焦核心内容,从学生的年龄、认知和已有的知识技能水平出发,进行整体规划。

本课时是单元的第一课时。基于学生学情特点,在教学过程中,采用导入、情境创设、问题引导、比较赏析、自主合作创编等方法,围绕"音乐的多声进行"展开。

一、任务驱动,引导学生深度学习

教师引导学生围绕课时学习任务,通过学生和教师共同学习,学生和学生自主合作归纳及创编实践活动的深入互动,让学生结合自身学习经验,尝试以融会贯通的方式对学习内容进行组织,尝试构建出自己的知识结构,使学生经历相对完整的学习认知活动。教师引导学生积极参与有体验性、创造性、审美性的艺术活动,在疑惑、比较、归纳、展示等课堂活动中,逐步掌握本节课的核心内容,形成积极的学习态度,化解教学重难点,进行深度学习。

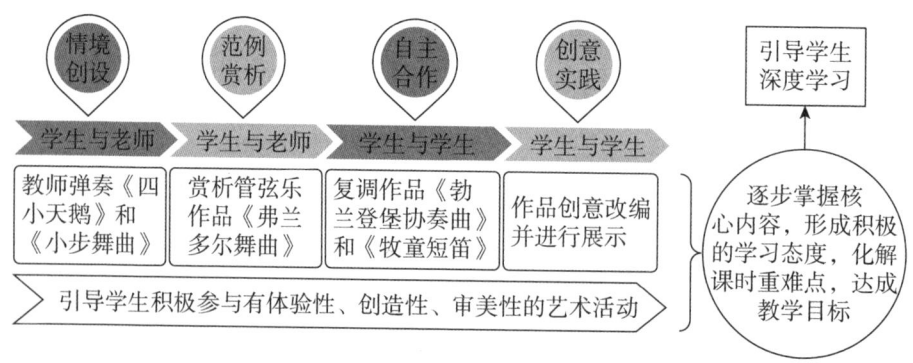

图1

二、以学定教,采取师生互动探究的教学形式

基于高一年级学生具有一定的艺术学习经历和知识技能的积累,引导学生积极主动参与到艺术实践活动中。

艺术学习是生动活泼的学习,要从作为主体的学生出发,通过问题引导,在师生对范例作品——管弦乐作品《弗兰多尔舞曲》的共同赏析中,引导学生在聆听、模唱等学习活动中学会学习,了解主调音乐与复调音乐的特点,帮助学生进一步掌握自主学习的方法与途径;借助学习任务单,以小组合作的方式,引导学生通过中外具有代表性的复调作品《勃兰登堡协奏曲》《牧童短笛》让学生进行听辨赏析,挖掘作品独特的创作特点,最后进行作品创意改编并进行展示,实现知识与技能的迁移和应用。

三、多元评价,促进课堂教学有效性

课堂上关注学生的综合艺术表现。通过教师呈现的评价标准,采取多元评价方式,如学生自我评价与相互评价、小组自评与互评、师生互评、教师评价等多重视角,全方位地对学生是否具有学习兴趣、是否积极参与音乐实践活动、是否善于表达自己的见解、是否愿意和同学交流合作及成果展示等方面作出反馈,激活课堂的活力,优化课堂教学。

多元化的教学给予学生大量的实践活动机会,明确艺术(音乐)教育的定位是面向每一位学生的普及教育,使学生的个性得以充分发展,学生的发散性思维与创造性思维都能有表现的空间,充分体现"面向全体学生,同时注重个性发展"的教育思想。希望通过学习方式的改变,让教师从教授者转变为引导者,在丰富而有意义的艺术活动中与学生共同学习。同时,希望学生在自主合作学习中培养赏析作品的能力、合作沟通的能力,从而形成自己的观点并用合适的方式进行表达,从文化理解的角度引领艺术感知,提高审美情趣,进行创意表达。

(案例撰写者:王雅婷)

案例 12

结合地域文化的美育教学案例
——以"古风新韵——罗店民俗版画"为例

自20世纪40年代建校起,罗店中学校长沈同文先生即提出"以美育人"的办学思想,经过80年的发展,形成了美育特色。本文以"古风新韵——罗店民俗版画"慕课为例,为美术类特色课程的开发提供借鉴。

一、课程简介

2019年5月,罗店中学"古风新韵——罗店民俗版画"课程在上海市高中名校慕课平台开课。2021年6月,罗店版画被宝山区人民政府公布为非物质文化遗产。

二、课程建设

(一)课程教学规划

首先,梳理《普通高中美术课程标准(2017年版2020年修订)》相关学科核心素养与课程目标的相关要求。

(1)图像识读与审美判断:学生对艺术语言、艺术形象、思想情感的感受和认知。

(2)美术表现与创意实践:学生在艺术实践中想象力、表现力、创造力的体现。

(3)文化理解:通过对非遗文化艺术的学习,弘扬中华优秀传统文化,增强文化自觉,坚定文化自信,传承中华文化基因。

其次,确立课程主旨。本课程以罗店版画为主线,从初步认识版画到找到自己喜欢的罗店民俗题材,再到尝试制作版画。

(二)课程教学方法

一是学生自主探究了解版画的艺术表现形式,并初步掌握版画的刻版、制版、印版的方法。

二是通过教师的讲解,帮助学生巩固美术课堂教学中学过的版画知识和技法,启发引导学生认识和掌握版画的造型规律,熟悉版画常用技法,制作罗店民俗版画作品。

三是师生互动,针对版画作品内容进行描述,使用美术语言进行分析,探究作品主题、内容与表现形式之间的关系,引导学生学会欣赏美术作品。

(三) 确立教学目标

1. 教学重点

本课程的重点是学生能用美术语汇表达和交流自己的审美感受,通过"认识版画"感受版画的魅力,通过"制作底版"了解版画的创作形式,通过"版画拓印之美"运用滚筒控制油墨和拓印版画及对作品进行评价赏析。

2. 教学难点

本课程的难点是主题的创意表现。创作之初学生可能找不到构思切入点,无法发挥本课材料的特性。

3. 针对重难点设计教学策略

(1) 落实重点的方法

教师在材料处理和创作技法上设置探究活动以满足学生好奇心,课堂上根据版画创作步骤设置教学环节,帮助学生了解版画从构思到拓印的一系列创作过程与方法。

(2) 解决难点的方法

教师在示范中通过民俗内涵的关联来指导创作,充分发挥材料特性来完成构思,引导学生认识到民俗审美趣味的重要性。

4. 叙写课程教学目标

(1) 通过欣赏、讨论、比较、归纳等方式知道版画在题材和技法上的分类。

(2) 通过赏析、体验、观摩示范等方式学会用简单的剪、贴、刻和拓印的方法来制作版画作品。

(3) 了解、感受罗店民俗版画的形式与艺术魅力,培养学生对传统艺术的热爱及传承非遗文化的社会责任感。

（四）课程活动设计

"古风新韵——罗店民俗版画"课程活动设计见下表。

活动名称	教师活动	学生活动	活动目标
活动1 走进版画	• 展示版画图片和文字素材，引出版画概念	• 学生通过图片欣赏，学习认识版画的特点	• 引导学生解决问题，也为作业完成打下基础
活动2 制作底版	• 通过呈现范图、视频讲解说明叠加凸版画和镂空凸版画的特点	• 学生讨论、回答叠加、镂空两种方法的区别，并参考教师的示范尝试制作底版	• 通过图片欣赏，直观地看到凸版画的特点，对学生完成作业能够起到参考作用
活动3 领略版画拓印之美	• 利用版画机拓印完成版画	• 增进对拓印版画的了解	• 引导学生交流分析版画的分类和特点

（五）课程评价设计

"古风新韵——罗店民俗版画"课程评价设计见下表。

活动名称	评价要素	评价形式
活动1 走进版画	• 学生观察图片、交流讨论，从兴趣、习惯的维度出发，侧重评价学生能否积极参与讨论	评价主体：教师、学生 评价途径：行为观察、提问、作品分析 评价的反馈形式：口头鼓励、等第、书面评语
活动2 制作底版	• 学生在讨论和创作的过程中是否有兴趣，以及是否积极发言，是否有创新改变的勇气	评价主体：教师、学生 评价途径：行为观察、提问、作品分析 评价的反馈形式：口头鼓励、等第、书面评语
活动3 领略版画拓印之美	• 学生能否在讨论中分析凸版画的基本特点，能否发现叠加的方法更适合哪种画面的表现	评价主体：教师、学生 评价途径：行为观察、提问、作品分析 评价的反馈形式：口头鼓励、等第、书面评语

（六）课程教学资源设计

"古风新韵——罗店民俗版画"课程教学资源设计见下表。

资源类型	资源内容	资源使用
素材资源	• 教师示范	• 引导学生观察、充分认识事物的外形特点
技术资源	• PPT 课件 • 绘画工具，如版画刻刀等	• 利用视频等信息技术手段解决技法学习辐射面有限的问题 • 不同的绘画工具帮助学生表现出的不同效果
环境资源	• 美术教室	• 有利于学生感受版画艺术氛围，便于学生进行版画制作，施展才华

三、课程特点

（一）传承非遗文化

罗店版画是宝山区非物质文化遗产，注重中华优秀传统文化艺术传承，具有独特的教育意义。

（二）线上线下结合，化解版画学习难题

在上海市高中名校慕课平台上，学生通过学习版画及其制作的整个流程，激发对中国传统文化的探究兴趣。学生还可以在慕课平台讨论区留言跟教师互动交流，进一步加深对非遗文化罗店版画的认识。

（案例撰写者：金云华）

案例 13

新时代背景下学校体育与学生美育素养的提升融合

在五育并举理念下，体育在增强学生的体质、培养体育能力等方面的作用已为人所共识。进入新时代，美育的功能越来越被重视，尤其是体育和美育的互相融合与互相促进，在学生的核心素养培育中权重日益增大。体育能够促进人的形体、健康日趋完美,也能促进人的心理和心灵的发展。基于人的体育和美育素养之间存在着紧密的内在联系,学校应重视体育对学生美育素养发展的促进作用,尤其在体育课程中渗透学生审美力的培养。本文从学校体育的美育素养功能出发,探讨在学校体育中实施美育素养教育的实践策略,为学生的全面发展服务。

一、影响学生美育素养的现状分析

随着社会的发展,学生作为一个独特的社会群体,逐渐承担着学校、社会和家庭的方方面面的沉重压力。其主要表现为学习、生活上焦虑、惶惑,人际关系上苦闷、抑郁、紧张,消费上盲目攀比造成的心理失衡和恋爱过程中的心理困扰等。世界卫生组织于1989年对健康进行了重新界定,指出"健康不仅指没有疾病,而且是在生理、心理和社会适应能力三个方面都应保持良好状态"。对"健康"的重新认识促使人们为达到真正的"健康"而进一步努力,他们逐渐意识到体育运动可以使身体健康,但是生活幸福感指数的提升则需要一定的美育素养。体育"健康第一"的理念不仅仅是身体健康,也包括美育素养。

二、学校体育美育的指导理念

学校体育有助于培养学生崇高的思想品德与坚强的意志品质。近年来,教育部连续发文要求提升学生的美育素养,罗店中学也在积极打造美育特色。学校体育具有提升美育素养的较好条件,体育教学和训练的对抗性,可以促进学生良好的个性心理品质的形成,培养良好的意志品质,有利于学生养成良好的道德行为。一方面,体育教学是进行知识、技术和技能的传授过程,这个过程也包括情感上获得成功感的愉悦体验。另一方面,通过运动锻炼可以减缓和治疗某些心理障碍、疾病,使紧张、忧愁、焦虑、压抑、沮丧等不良情绪得以宣泄,使人轻松愉快、心情舒畅,感受体育运动的品德美、姿态美、韵律美。

三、学校体育心身健康的实施途径

1. 注重学生美育素养教育

体育教学注重学生身心健康教育,能有效地调节学生学业压力,减轻学生心理压力,发展学生个性,增强学生社会适应能力,感受体育运动对于美育素养的提升。体育时时刻刻都有着美的教育,除了客观可见的强身健体,还蕴含着力量之美、技巧之美、韵律之美、团结之美。沉浸在其中的孩子们,充满了阳光之气,他们还会把这种美带给身边的人。

2. 提高体育教师美育素养业务水平

由于身体健康和美育素养的内在联系,体育教学在促进学生身体健康发展的过程中必然会对学生的美育素养产生积极影响。这就要求体育教师应具备较高的美育素养水平和丰富的美育素养理论知识,在体育教学中注意心理教育方法的运用,充分发挥体育实践促进美育素养发展的积极作用,提高学生美育素质。

3. 构建"体育—美育"课程体系

如何融合美育和体育,我们尝试建立"体育—美育"课程教学体系。在教学上,我们强调教学方法和组织形式的艺术化,从情感上引导学生认识美、感受美;在学生中,我们坚持树立身心健康美学理念,培养孩子们终身体育的意识。学生通过学习健美操,发现活力四射的生命之美;通过学习花样跳绳,发现速度与节奏之美;通过学习跆拳道,发现力量之美;通过学习武术,发现行云流水、动若蛟龙的身形之美。

四、学校体育美育理念的构建格局

在学校"美育—体育"课程的实施中,各年龄段学生的课程内容是有层级的,评价上也是有差异的。教师在传授给学生运动技能方面,需要赋予学生必要的学时和频次,同时培养学生感受美、欣赏美、创造美的能力。

1. 实现"单向—多向"美育格局形式

在当前学校体育教学中,按照教学计划进行教学内容的安排,教学模式上基本采用"填压式"。其优点是便于教师管理,教学内容可以确保完成,学生的安全可以保障;其不足是学生的自主性不够,对学生的美育素养提升不足。引入美育元素的课堂,可以促进学生体育认识的提升,而体育认识的提升反过来可以促进学生美育素养的发展。罗中体育"艺味课堂"就是改单向的"学校需求"为"学校美育需求+学生美育需求"的格局转变。

2. 实现"单极—多极"美育构建层次

体育教学的真正意义应该是让受过正常体育的学生无论其天分如何,都有着参与体育活动、发展适合自己年龄特征的适当技能的机会,并且身心健全和健康快乐。这其实就是体育中美育素养提升的前提。学校提供更多的体育项目,给学生更多的选择性,让学生在喜爱和感兴趣的体育项目中更加容易感受体育之美,更加能够培养体育运动的审美力。今后设想以体育项目为载体,建立学校、家庭、社会三个维度的"体育—美育"循环构建,将学校的"体育—美育"的融合影响力向社会、家庭辐射,为提高我们民族的"体育—美育"素养作出自己的贡献。

五、结论

学校体育对促进学生的美育素养有着积极的影响作用,能有效地提升学生的审美能力,丰富情感、润泽心灵,增加应对未来社会的能力。为此需要建立一支富有美育素养的教师团队,形成"单向—多向"形式和"单极—多极"层次的美育构建格局,在新时代促进学校体育的发展,提高学生美育素养。

(案例撰写者:钟涛)

后　记

　　罗店中学的校园异常优美，光竹子就有六七处，有箬竹、凤尾竹、青皮竹、绿皮黄筋竹、早园竹等六七种之多。竹子四季常绿，中空外直，挺拔坚韧，在中国传统文化中经常隐喻谦谦君子。据说竹笋在成竹之前，在地下会垫伏很长时间。这种漫长要有数年时间，一旦时机成熟，破土后则长速惊人。罗中在建校之初就有"以美育人"的办学思想，其美育的创建历程，多像这竹子的成长。从2016年成为上海市特色高中项目校，学校上下研究理念、建设课程、转型课堂、研究课题，持续地积蓄能量，就像竹子的根在地下延伸拓展，终于在2020年迎来展示和初评，2021年完成复评。2022年6月宣布创建成功，是罗中美育积淀80年的一次爆发。

　　罗中地处上海北部的罗店古镇，与太仓接壤。罗中地域上或许有些偏僻，但这种偏僻也造就了其远离尘嚣、宁静朴实、敢于卓越的本色。特色高中创建，吸引了沪上甚至全国的各类美育、课程等领域的专家同人频频莅临。罗溪河畔不再足迹罕至，来之前都说远，来过之后都说好，美哉罗中！

　　"上海教育丛书"特色高中篇规划出版六册，罗中有幸被丛书编委慧眼选中，彼时罗中正在筹备复评。如今本书即将出版，而罗中特色高中已经命名多日。本书是对罗店中学美育特色创建在思考与实践层面的一次总结。未来，罗中将以特色引领更高质量的教育，奋力前行！

　　接到丛书任务后，陈兵、邵昀、许海静、袁燕敏、于佳萍、王雅婷等老师积极参与了此书的撰写，不少教师提供了学科美育案例支持，在此过程中，尹后庆先生亲自过问，吴国平、徐士强、胡庆芳、周洪飞等专家多次指导，责任编辑汪海清老师付出良多，在此一并致谢！

　　美是人类的通用语言，美是中国强起来的符号，美是上海的精神高度，美是罗中师生的深深足迹。

图书在版编目（CIP）数据

艺美育人的罗中时光 / 严卫东编著. — 上海：上海教育出版社，2023.4
（上海教育丛书）
ISBN 978-7-5720-1955-5

Ⅰ.①艺… Ⅱ.①严… Ⅲ.①美育-教学研究-中学 Ⅳ.①G633.950.2

中国国家版本馆CIP数据核字(2023)第060662号

责任编辑　汪海清
封面设计　陈　芸

上海教育丛书
艺美育人的罗中时光
严卫东　编著

出版发行	上海教育出版社有限公司	
官　　网	www.seph.com.cn	
地　　址	上海市闵行区号景路159弄C座	
邮　　编	201101	
印　　刷	上海展强印刷有限公司	
开　　本	700×1000　1/16　印张 13　插页 3	
字　　数	198 千字	
版　　次	2023年4月第1版	
印　　次	2023年4月第1次印刷	
书　　号	ISBN 978-7-5720-1955-5/G·1757	
定　　价	45.00 元	

如发现质量问题，读者可向本社调换　电话：021-64373213